AF296411

BIBLIOTHÈQUE ROYALE

JACQUES II,

DRAME HISTORIQUE EN QUATRE ACTES ET EN PROSE,

Par M. Emile Vanderburch;

REPRÉSENTÉ POUR LA PREMIÈRE FOIS, SUR LE THÉATRE-FRANÇAIS, LE 13 JUILLET 1835.

PERSONNAGES.	ACTEURS.	PERSONNAGES.	ACTEURS.
CHARLES II, roi d'Angleterre (55 ans).........	M. St-Aulaire.	GEORGES JEFFERIES, greffier, secrétaire du duc d'York.	M. C. Mangin.
LE DUC D'YORK, ensuite Jacques II (52 ans)......	M. Joanny.	SUNDERLAND, président du conseil privé.............	M. Arsène.
MARIE D'EST, princesse de Modène, sa seconde femme (18 à 20 ans)...........	Mlle Verneuil.	GEORGES HALIFAX, lord-trésorier	M. Dumilatre.
Miss LUCIE WALTER, maîtresse de Charles II........	Mme Paradol.	Lord RUSSEL, député de la chambre des lords........	M. Monlaur.
JACQUES SCOTT, duc de Monmouth, fils naturel de Charles II et de miss Lucie.	M. Beauvalet.	HAMPDEN, député de la chambre des communes....	M. Mirecour.
LE P. PITER, jésuite, confesseur du roi	M. Marius.	MORRAL.................	M. Mathien.
BARILLON, ambassadeur de Louis XIV à la cour d'Angleterre...............	M. Guiaud.	MELFORD, du conseil privé, personnage muet. DUMBARTON, autre personnage muet.	
GUILLAUME PENN, quaker,...............	M. Desmousseaux.	Le Docteur SHART.......	M. Faure.
		ANNA, servante de miss Lucie.	Mlle Thierret.
		JERWIS, brasseur........	M. Régnier.

BOURGEOIS, HOMMES ET FEMMES du peuple. SOLDATS anglais et hollandais.

La scène se passe à Londres, en 1685.

ACTE PREMIER.

16 JANVIER 1685.

Une vaste salle du palais de White-Hall, se terminant par une galerie ornée partout de portraits et d'armures gothiques. A gauche, plusieurs portes latérales conduisant à l'extérieur et dans les appartemens; à droite, plusieurs croisées hautes, dont une se prolonge jusqu'au niveau du parquet.

SCÈNE PREMIÈRE.

HALIFAX, SUNDERLAND, BARILLON, *ensuite* GUILLAUME PENN.

(Deux hallebardiers sont placés à la dernière porte. Barillon et Sunderland causent en se promenant, leur conversation paraît animée. Halifax est pensif vers le devant de la scène; Guillaume Penn entre et s'approche de lui.)

GUILLAUME PENN. Eh bien, lord Halifax, quelles nouvelles? comment va le roi?

HALIFAX. Eh! bon Dieu! sir William, mal, très-mal; nous désespérons.

GUILLAUME PENN, *avec un soupir.* Quand on vit trop bien, on ne vit pas long-tems. (*A part.*) Pauvre prince! l'Angleterre le regrettera plus qu'elle ne le pense. (*A Halifax.*) Il meurt trop tôt... trop tard peut-être.

HALIFAX. Parlez moins librement, cet ambassadeur de France, ce Barillon qui se démène là avec Sunderland, c'est un homme tout oreille.

(Tout le monde a le chapeau à la main, excepté Guillaume Penn, qui reste couvert. Des domestiques vont et viennent. Sunderland fait un signe à Barillon comme pour lui recommander le silence, et s'approche de Penn et d'Halifax.)

SUNDERLAND. Quel hasard ?.... depuis quand le rigide Guillaume Penn, le Cécrops du nouveau monde, est-il dans notre cité de Londres ?

GUILLAUME PENN. Depuis deux jours, ne t'en déplaise.

SUNDERLAND. C'est rareté, c'est miracle ! On dit des choses fabuleuses de votre colonie de trembleurs, de votre ville de Philadelphie. Par le ciel ! créer en sept ans un petit royaume de quakers et lui donner son nom, voilà de l'humilité républicaine.

GUILLAUME PENN, *froidement*. Robert, comte de Sunderland, prie Dieu, si tu en as un, que la Pensylvanie soit toujours en bon accord avec la Grande-Bretagne.

SUNDERLAND. L'épée s'en mêle... Mahomet n'aurait pas dit mieux.

HALIFAX. Au fait, sir Guillaume Penn, quel bon vent vous ramène en Angleterre ?

GUILLAUME PENN, *avec un léger sourire*. Rassurez-vous, privilégiés courtisans, ce n'est pas le vent de l'ambition, c'est plutôt celui de la reconnaissance. Le vaillant amiral, mon père (*il ôte son chapeau et le remet aussitôt*), avait sacrifié sa fortune entière à la cause royale. Le roi Charles II a cru s'acquitter envers moi en me donnant la principauté d'un désert de l'Amérique septentrionale ; j'y ai transporté des hommes purs et des bras actifs, j'y laisse des institutions libres et des mœurs, j'en rapporte de l'or qui m'est inutile et je viens l'offrir au prince mon bienfaiteur, (*ils se regardent tous, Penn continue*) qui en a plus besoin que moi, puisqu'il est à la merci et aux gages d'un roi étranger.

BARILLON. C'est une calomnie répandue par les puritains et les mécontens ; jamais le roi Louis XIV, mon maître, n'a songé..

GUILLAUME PENN, *l'interrompant*. A payer toutes les prodigalités de Charles II, je le crois, mais son or a corrompu bien des cœurs et acheté bien des consciences... vous appelez cela de la politique, vous autres plénipotentiaires... je nomme cela, moi, de la corruption, de l'infamie.

SUNDERLAND, *riant*. Si vous n'avez pas d'autres complimens à nous faire, maître Lycurgue, autant valait rester dans vos bois de cotonniers.

GUILLAUME PENN. Je compte y retourner bientôt, milord.

***

SCENE II.

LES MÊMES, MONMOUTH.

MONMOUTH, *entrant agité*. Des antichambres vides... à peine quelques gardes, le flot des courtisans est déjà à Saint-James ; tous les présages d'un nouveau règne !..

HALIFAX, *étonné*. Monmouth !...

SUNDERLAND, *plus que surpris*. Le duc ici !...

MONMOUTH. Oui, milords ; c'est un exilé qui reparaît, un captif qui rompt sa chaîne.. mais vous vous étonnerez après... répondez-moi... mon père !... le verrai-je ?... il vit encore, n'est-ce pas ?.. horrible silence !.. (*Reconnaissant Guillaume Penn.*) Ah ! je vous retrouve en ce lieu, mon digne ami, je n'ai pas tout perdu.

(Il se jette dans ses bras.)

GUILLAUME PENN. Cher Monmouth !

MONMOUTH, *lui serrant la main*. C'est dans l'asile du deuil et de la douleur que je devais revoir un apôtre de l'évangile. (*Aux autres.*) Messieurs, j'ai quitté mon exil de Flandre pour voir encore une fois mon père ; ma mère est près de lui, je le sais ; vous ne me refuserez pas, je pense, la triste joie de recevoir son dernier soupir...

HALIFAX. Nous ne pouvons remplir les désirs de votre grâce ; croyez à nos regrets...

MONMOUTH. Comment ?...

SUNDERLAND. Il est vrai, monsieur le duc, que miss Lucie... (*se reprenant*) milady Walter est auprès de sa majesté, mais nous avons les ordres les plus exprès...

MONMOUTH. Des ordres ! de qui ? du duc d'York ? c'est en prendre avant le tems ; des ordres pour moi !.. on ne m'attendait pas, cela est impossible. Calomnié auprès de mon père, éloigné de lui par les plus basses intrigues, j'apprends son danger, je traverse les mers, j'arrive, et l'on me repousse, et l'on me refuse le dernier baiser de mon père ; ses valets viennent me dire qu'ils ont des ordres !...

HALIFAX. Milord duc....

MONMOUTH. Ah ! voilà les priviléges du sang royal ! mon cœur est déchiré, parce que je suis le fils d'un roi. Le fils d'un boucher de Londres est plus heureux que moi : il approche du lit de son père mourant, il le voit, il l'embrasse, il le pleure, il reçoit sa bénédiction ; et moi il faut que je cache mes regrets, que je garde mes larmes, que je sois sans tendresse, sans famille, que je n'aie point d'ame parce que je suis le fils d'un roi !

GUILLAUME PENN. Jacques !..

MONMOUTH. Messieurs, je vous déclare ici que je braverai vos ordres prétendus, que je refuse de les reconnaître... et, par le Christ ! je pénétrerai dans les appartemens du roi comme je suis entré à Bothwel pour son service, l'épée à la main.

(Il porte la main à la garde de son épée.)

HALIFAX, *se plaçant à la porte des appartemens.* Donneriez-vous un tel scandale dans le palais, milord, et dans un tel moment?

UN HUISSIER, *annonçant.* Sa grâce, milord duc d'York.

MONMOUTH. York... je suis sûr que ses espions lui ont déjà appris mon retour.

SCÈNE III.

LES MÊMES, LE DUC D'YORK, LE P. PITER, JEFFERIES, SUITE NOMBREUSE DU DUC, *sortant des appartemens du roi.*

LE DUC. Rassurez-vous, sa majesté est mieux, beaucoup mieux.

LE P. PITER. Nos prières n'ont point été vaines ; le roi vient de se lever, le docteur Shart répond de sa vie.

MONMOUTH. Oh ! bonheur ! dois-je le croire?.. *(Au duc.)* Milord duc, n'ordonnerez-vous pas, comme frère du roi, que son fils soit admis en sa présence ? On m'a insolemment refusé la porte, et l'on a parlé en votre nom.

LE DUC, *froidement.* Monmouth, vous avez été imprudent en quittant, sans l'aveu du roi, votre retraite de Bruxelles...

MONMOUTH, *de même.* Milord duc, mon oncle, vous savez mieux que pas un ici, que depuis cinq ans mes lettres restent sans réponse. *(S'animant.)* L'aveu du roi !.. me fallait-il attendre, pour le demander, que son corps fût descendu dans les caveaux de Westminster? Milord, je viens pour voir mon père, et je veux le voir.

(Le duc se contient, et fait signe à tout le monde de se retirer, excepté Monmouth.)

LE DUC, *au père Piter.* Allez encore prier pour le roi, mon père.

LE P. PITER. C'est mon premier devoir. *(A part.)* Ce Monmouth vient bien mal à propos.

(Il rentre dans les appartemens; les autres personnages sortent du côté opposé.)

SCÈNE IV.

LE DUC D'YORK, MONMOUTH.

LE DUC. Jacques, je veux croire au zèle pieux qui vous amène, l'état du roi est votre excuse; mais loin de donner à la cour l'exemple d'une désobéissance coupable, vous devez, comme sujet et comme fils, vous montrer soumis et respectueux.

MONMOUTH. Eh ! mon oncle, les momens sont trop précieux à l'heure qu'il est pour les user en paroles : ne me supposez point d'autres pensées que la douleur vraie que j'ai dans l'ame. Je ne porte pas le titre de prince de Galles, que rêvez-vous ?... que craignez-vous?... mon ambition ?.. on n'en éprouve guère devant la tombe d'un roi... Ah ! tenez, laissons-là, vous les soupçons, moi les reproches ; vous m'avez redouté, vous m'avez desservi auprès de votre frère. J'ai été banni injustement ; je vous en accuse moins que le révérend caffard Piter.. Eh bien ! j'oublie tout, n'en parlons jamais ;... mais de grâce, que je voie mon père, conduisez-moi dans ses bras.

LE DUC. Je vous pardonne vos préventions, Jacques, et votre injustice envers un saint homme que votre hérésie vous fait méconnaître. Il ne tiendrait qu'à toi de rentrer dans nos bras à tous; ah ! Charles aurait une dernière heure de joie, si ce fils qu'il a tant aimé, qu'il aime encore, voulait ouvrir son cœur à la vraie croyance...

MONMOUTH. Eh ! milord, vous me parlez d'apostasie, vous ne me répondez pas.

LE DUC, *à part.* Une tête de fer. *(Haut.)* Je ne vous cache pas que votre attachement au culte réformé est votre plus grand tort aux yeux du roi.

MONMOUTH. Damnation !... conduisez-moi donc à son lit funèbre, que je le voie, qu'il meure sur mon sein, et faites-moi évêque, jésuite et pape après si vous voulez.

LE DUC, *avec une bonté feinte.* Ecoute, mon cher James, et cesse d'avoir des arrière-pensées contre ton oncle d'York.... Charles est très-souffrant, très-affaibli, une secousse peut nous le tuer; il est loin de te savoir à White-Hall, ta vue serait peut-être le coup mortel.

MONMOUTH, *vivement.* Vous supposez donc qu'il en mourrait de joie ?...

LE DUC, *contrarié.* Je parle du saisissement qu'il pourrait éprouver, et qui pourrait hâter ses jours... Voilà d'assez grands motifs de prudence et de ménagemens...

Veux-tu m'en croire, Jacques, te confier dans moi?... J'agirai, tu le verras, avant la fin du jour.

MONMOUTH. Parlez donc ainsi... je vous crois, je vous aime, mon oncle.

LE DUC. Je vais le préparer à te recevoir.

MONMOUTH. Ma mère est près de lui, prévenez-la seulement de ma venue, et agissez de concert.

LE DUC, *comme pour l'éloigner*. Oui, oui.

MONMOUTH, *comme absorbé*. Comment! lui que j'ai vu si tendre, si affectueux pour moi! moi le fils de son premier amour, né lorsqu'il était exilé et malheureux lui-même, il a pu m'oublier à ce point! Quoi! milord, il ne parlait pas de moi!... il n'a pas demandé une seule fois à me voir?...

LE DUC. Va, James, va, compte sur ma promesse.... et s'il faut que le ciel déplace bientôt une couronne, soyons en bonne union.

MONMOUTH. Prévenez d'abord ma mère... Songez-y, chaque minute est longue, chaque heure est un coup de poignard.

(Il sort.)

SCENE V.

LE DUC, *seul.*

Il paraît de la meilleure foi... mais hérétique, hérétique!... et violent, et capable d'ébranler un roi de France bien enraciné... Il faut temporiser et le ménager. Après tout, comme il le disait lui-même, il n'est point prince de Galles; miss Lucie, sa mère, n'est que miss Lucie. Ce mariage de la main gauche est un vieux conte de la gazette de Hollande. Il faudra pourtant que je fasse écrire par Jefferies à Rotterdam. Je suis dans un état d'émotion, d'agitation qui ressemble à de la fièvre.. C'est l'approche du trône... c'est aussi une angoisse,... une angoisse... Aujourd'hui encore duc d'York... et demain, ce soir peut-être, roi... roi d'Angleterre, d'Écosse et d'Irlande!...

(Il s'essuie le front; le P. Piter entre avec précaution.)

SCENE VI.

LE DUC D'YORK, LE PÈRE PITER.

LE DUC. Eh bien, Piter, ce mieux?....

LE P. PITER. Ce mieux est un pire.

LE DUC. Vous croyez! cependant les médecins...

LE P. PITER. Peuvent se tromper... surtout des anglicans.

LE DUC. Avez-vous remarqué, mon père, comme ses forces lui revinrent presque subitement? il s'est levé, s'appuyant sur le bras de miss Lucie, nous en avons tous été étonnés; quant à moi, j'ai soupçonné que cette femme avait employé quelque charme....

LE P. PITER. Moi, j'en ai été effrayé.

LE DUC. Ne parlez donc pas ainsi, mon père; on croirait que vous désirez la mort de ce pauvre Charles.

LE P. PITER. Hélas! mon fils, la résignation est une robe que nous revêtons en recevant les ordres: devons-nous murmurer des décrets de la providence, et lorsqu'un pécheur, un roi même approche du pardon céleste, devons-nous en gémir? surtout quand ce roi a malheureusement été trop peu ardent pour notre sainte église; et qu'il fait place à un roi pieux, rempli de foi et d'amour, appelé par Dieu lui-même au trône de ses pères pour renverser l'hérésie, et relever nos autels.

LE DUC. Déjà de la flatterie, mon père... je n'y suis pas préparé.

LE P. PITER. Cet acte de contrition fait votre éloge, mon prince.

LE DUC. Ce Monmouth m'a bouleversé.

LE P. PITER. Vous l'avez mis hors du palais, j'espère...

LE DUC. C'est une tempête... on ne peut s'en débarrasser sans quelque perte...

LE P. PITER. Qu'avez-vous donc promis?

LE DUC. Oh! rien, mais il m'a semblé pénétré, repentant... dans notre situation j'ai préféré le caresser un peu.....

LE P. PITER. Caresser un volcan, grand merci.

LE DUC. S'il se convertissait, pourtant?

LE P. PITER. Jamais, c'est le diable éperonné.

LE DUC. Un fils de roi enfin...

LE P. PITER. Un fils bâtard de roi, et demain votre sujet.

LE DUC. Et ce mariage secret avec sa mère dont on nous bat les oreilles depuis vingt ans?...

LE P. PITER. Fi! c'est une invention de votre damné de Burnet; il existerait même un acte que ce serait une chose disputable, car Charles n'était alors que prince de Galles. A tout prix, éloignez ce tison maudit, pourchassez-le, faites tout au monde; point de ces adieux larmoyans, de ces scènes conjugales qui changent la face d'un empire: il faut régner, prince, et, je vous le répète, demain vous serez roi.

LE DUC, *agité*. Vous en êtes donc bien sûr?

LE P. PITER. Le ciel le veut.

LE DUC, *plus agité encore*. Ah! mon père, si l'on nous entendait! c'en serait assez pour renouveler ces bruits odieux... que la mort du roi n'est pas naturelle. Vous savez, mon père, avec quel acharnement les whigs, les presbytériens ont accrédité ces calomnies, qu'on avait tenté de l'empoisonner... on accusa les catholiques et votre sainte compagnie... que de victimes! ah! j'en frémis encore!...

LE P. PITER, *à part, haussant les épaules*. Eh bon Dieu!...

SCENE VII.

LES MÊMES, SUNDERLAND.

SUNDERLAND. Milord duc, préparez-vous à recevoir sa majesté.

LE DUC. Le roi!... ici!...

SUNDERLAND. Ici même, il parle, il marche, en bonne foi, c'est merveilleux. On a annoncé une députation de la chambre des lords, sa majesté a souri et s'est levée de son fauteuil; vrai Dieu! c'est une convalescence.

LE P. PITER, *à part*. C'est inexplicable!

SUNDERLAND. Jusqu'à sa gaîté de jeunesse qui semble aussi être ressuscitée, avec son esprit railleur à la française.

LE P. PITER, *à part*. On nous a mal servis.

SCENE VIII.

LES MÊMES, CHARLES II, SHART, BARILLON, MISS LUCIE, HALIFAX, MÉDECINS, OFFICIERS, PAGES, etc., ensuite MORRAI, RUSSEL, etc.

UN HUISSIER, *annonçant*. Sa majesté le roi.

(*Le roi entre, s'appuyant sur Shart et sur miss Lucie. Il marche lentement, souriant assez péniblement à tout le monde : on le fait asseoir dans un fauteuil.*)

LE ROI. J'ai voulu faire de la bravoure, cela m'a fatigué beaucoup.

(*On s'empresse autour de lui; le docteur Shart lui tâte le pouls, et étudie tous ses mouvemens.*)

LE DUC. Mon frère, votre majesté se trouve donc tout-à-fait mieux?...

LE ROI. Eh! mon frère, c'est le mieux de la mort.

LE DUC. Ah! sire, quelle pensée!

LE ROI, *soupirant*. Pensée toute naturelle à l'heure présente... Allons, milady, encore des larmes, nous ne nous étions pas vus depuis long-tems, pauvre Lucie, la séparation doit vous coûter moins.

MISS LUCIE. En est-elle moins douloureuse?

LE ROI, *lui parlant bas à l'oreille*. Tu as donc écrit à Jac?... malheureux enfant!... il viendra trop tard. (*A haute voix, et cherchant à cacher son émotion.*) Remettons-nous... l'étiquette!... l'étiquette, un roi n'a pas le droit de mourir comme un alderman... Ah!... j'oubliais... que l'on introduise la députation des pairs du royaume. (*Un chambellan fait entrer trois membres de la chambre des lords et trois autres de celle des communes.*) Bonjour, milords, bonjour, messieurs des communes... qu'est-ce, comte Morrai, ma figure réjouie vous effraie?... je suis bien changé, n'est-ce pas? mon habit le dit assez... (*Regardant son habit qui semble trop large pour sa taille.*) Ah! dam!... il n'est pas courtisan celui-là.

MORRAI. Sire, nous espérons encore que le ciel daignera prolonger les précieux jours de votre majesté.

LE ROI, *faiblement*. Oui, oui, demandez au docteur Shart et à Midleton ce qu'ils en pensent. (*A Russel.*) Russel, ne me conservez point de haine du meurtre juridique de votre cousin, je n'y fus pour rien, vous pouvez le croire.

RUSSEL. Sire, les crimes des papistes ne peuvent être imputés à un prince qui a signé le covenant et maintenu nos franchises.

LE ROI, *malignement, regardant le père Piter*. Saluez donc, révérend père. (*A Russel.*) Ce que vous me dites, Edward Russel, me fait plaisir et me soulage. Allez, messieurs les pairs, vivez bien avec les communes, si cela se peut, et je vous y engage... faites pour mon frère comme pour moi... faites aussi quelque chose pour le peuple, ni trop ni trop peu... (*Il se laisse aller et s'appuie sur le dos du fauteuil.*) Je ne vous reconduis pas, milords.

(*Les deux députations sortent.*)

SCENE IX.

LES MÊMES, *excepté* MORRAI, RUSSEL *et les autres* DÉPUTÉS.

LE DUC. Sire!...

MISS LUCIE. Ciel! un évanouissement.

SHART, *inquiet.* Sire, vous avez épuisé vos forces.

LE P. PITER, *à part.* Ah! c'est un siècle!

LE ROI, *revenant à lui.* Ce n'est rien... (*Voyant Barillon.*) Ah! vous étiez là, Barillon?... vous ferez mes adieux au roi de France... il est mon aîné et je pars avant lui. Cependant, c'est un grand et puissant monarque, beaucoup trop puissant même.

(Barillon s'incline et s'apprête à répondre, le roi lui fait signe de garder le silence.)

LE DUC. Sire... la duchesse de Portmouth a demandé instamment à vous présenter ses devoirs...

LE ROI, *vivement.* Je ne la verrai pas... une intrigante... qui m'a fait commettre des injustices... et qui a toujours aimé mon pouvoir plus que ma personne... (*A miss Lucie.*) Ce n'est pas comme Lucie... elle est la seule qui m'ait aimé pour moi... j'ai pourtant été ingrat, cruel...

MISS LUCIE. Vous réparez aujourd'hui bien des torts...

LE DUC. Sire, mon noble frère, ne consentirez-vous pas à recevoir milady, duchesse d'York?...

LE ROI, *avec un mouvement de dépit.* Votre seconde femme!... du tout, mon frère, s'il vous plaît, je lui en veux trop de sa dévotion outrée; si je la voyais, j'en mourrais de dépit.... elle nous a apporté de Modène la peste, l'incendie et les jésuites.

LE DUC. O sire! mon frère bien-aimé, est-ce là ce que vous nous aviez promis? il faut que vos douleurs corporelles soient bien grandes pour blasphémer ainsi la communion romaine... nous avions tant prié pour vous!...

LE ROI. Ne m'excédez pas de dévotion... et tenez, la seule vue de votre Piter m'enlève tout le bienfait de cette potion que Shart m'avait donnée....

LE DUC. Quoi donc! mon frère, vous attribuez le bien que vous ressentez à une potion... C'est de l'impiété.

(Le roi impatienté frappe plusieurs coups sur le bras de son fauteuil, puis il éprouve un nouvel accablement; on l'entoure avec anxiété; revenu à lui, il fait signe à tout le monde de sortir, et au duc de rester.)

SHART. De grâce, sire, rentrez dans vos appartemens... le plus grand calme, le plus parfait repos vous sont absolument nécessaire... je crains...

LE ROI. Allez, Shart, allez... il faut qu'un roi meure debout.

(A un nouveau signe tout le monde s'éloigne en silence; miss Lucie se retire la dernière; le roi la retient et la presse dans ses bras; le P. Piter s'approche du duc et lui parle bas.)

LE P. PITER, *bas au duc.* Surtout pas un mot de Monmouth.

SCÈNE X.

LE ROI, LE DUC D'YORK.

LE DUC, *se jette aux pieds du roi en pleurant.* Charles! Charles... j'ai le cœur déchiré.

LE ROI. James, tu n'es pas né avec un cœur mauvais, je le sais, mais ton papisme gâtera tout... oh! écoute-moi et ne m'interromps pas... les momens nous sont comptés... vois ce cadran... il n'a plus pour moi que des minutes. Aux portes du néant, mon frère, on n'a plus d'illusions, l'ame s'élève trop.... je vaux mieux à cette dernière heure que pendant toute ma vie. Que dira-t-on de Charles II? qu'il a régné long-tems, voilà tout. Que dira-t-on de Jacques II? cela vous regarde, duc d'York. Moi, Jacques, moi, j'éprouve des regrets, des remords, les remords d'un roi sont un supplice... oui, un cruel supplice. On ne dira pas de moi : c'était un tyran; mais on peut dire : il a rempli sottement ses devoirs de citoyen. (*Pleurant.*) Ah! c'est un grand poids que j'ai là.

LE DUC, *très-ému.* Mon frère, mon roi... non, vous n'êtes pas si près que vous le croyez de la fin de votre carrière! vivez, vivez pour nous.

LE ROI, *sans l'écouter.* Suivez donc ici les conseils que je vous donne comme ami, comme frère et encore comme roi. Estimez plus la nation que je ne l'ai fait, craignez plutôt les grands que le peuple. Le peuple est turbulent, léger, mais il n'est point ingrat; les grands, les gens en place n'aiment que les places et la grandeur. Respectez toutes les croyances, je gémis de la vôtre, elle vous perdra. Ne touchez ni au covenant, ni à la grande charte, c'est là votre couronne, ne l'oubliez jamais. Méfiez-vous de ceux qui vous entourent aujourd'hui... Méfiez-vous surtout du roi de France : Louis XIV est un serpent d'or, il vous enlacera comme moi, il vous prendra avec des chapelets. Il vous donnera de l'argent comme à moi, et l'intérêt de cet argent vous le paierez comme moi, en humiliations, en esclavage, et aux dépens de notre gloire nationale. Voilà tout ce que j'avais à vous dire, mon frère, parlez-moi maintenant de momeries et de confessions... Que dirais-je de plus à un prêtre?...

LE DUC. Oui, Charles, je te crois, tu parles avec persuasion, mais hélas! qui me dira que tu ne t'abuses point avec bonne foi ?. l'erreur n'a-t-elle pas eu ses martyrs ?...

LE ROI. Oui, on a fait un dieu de Bélial et un saint de Cromwel. Oh ! entêtement, fanatisme, orgueil des hommes ! j'en verrais ici vingt de schisme différent, qui soutiendraient tous que leur erreur seule est la vérité, que leur folie seule est la sagesse... Jacques, il faut donc que je t'ouvre mon ame tout entière ? Eh bien!.. quand j'eus passé l'âge frivole, quand mes passions se furent éteintes, j'ai cherché à me convaincre, vos théologiens ne m'ont rien appris,... je ne crois qu'en Dieu...

LE DUC, *hors de lui.* Déiste ! déiste ! le malheureux!... il mourrait ainsi ! Non. (*Se jetant aux genoux du roi.*) Charles, mon frère bien-aimé, je vous en conjure, par pitié pour vous, pour ce peuple abusé, mourez chrétien ! confessez-vous, ne me laissez pas un sceptre infernal.

(Il reste comme anéanti, tenant les genoux du roi embrassés ; Charles éprouve une contraction violente, il se lève comme par un mouvement convulsif et reste debout un instant.)

LE ROI. Papiste !... que je meure papiste !.. Je meurs empoisonné !!...

LE DUC. Ciel !...

LE ROI, *retombant dans son fauteuil.* Par eux ....par eux qui veulent que tu règnes, et qui te tueront aussi... Ah ! ma vue s'obscurcit .... mon cœur cesse de battre...

LE DUC. Mon frère !...

LE ROI, *faisant un dernier effort.* On va t'appeler sire... tu vas régner... Regarde cette croisée plus basse que les autres et qui joint le sol... c'est là que notre père est passé , pour monter à l'échafaud....

(Il tombe incliné sur son fauteuil et reste sans mouvement.)

LE DUC. Ah !... (*Après un court silence , se rapprochant du roi.*) Charles! il est sans mouvement ! Dieu! (*Courant vers la porte.*) Au secours ! au secours ! venez !

SCENE XI.

LES MÊMES, MISS LUCIE, HALIFAX, SUNDERLAND, JEFFERIES, BARILLON, PITER, SHART ; SUITE.

(On entre précipitamment par plusieurs portes. Chacun s'empresse près du roi.)

SHART. Plus rien.

LE P. PITER. Tout est fini !

HALIFAX, *à miss Lucie avec intérêt.* Madame, madame, n'entrez pas.

MISS LUCIE. Laissez-moi, je veux le voir encore, ne m'enviez pas la faveur de le pleurer.

(Elle s'agenouille près du roi.)

LE P. PITER. Eloignez donc cette femme.

SCENE XII.

LES MÊMES, MONMOUTH, GUILLAUME PENN.

MONMOUTH , *entrant furieux.* Enfer !.... J'entrerai ! (*Il repousse plusieurs personnes et même le duc qui se trouvent sur son passage.* Ah!... mort !... Il est mort ! Ils ne m'ont pas laissé un baiser , un soupir !....

MISS LUCIE. Mon fils !... Ah ! dans quel moment !...

MONMOUTH. Oui, pauvre mère, c'est moi.... Ah ! voyez, je ne puis pleurer, je n'ai point de larmes.... (*Au duc*). Es-tu content, cruel ?.. M'as-tu assez joué, assez trahi ?... Te demandais-je un sceptre, une couronne ? Je te demandais la bénédiction de mon père. (*Courant se jeter sur le corps du roi.*) Oh ! mon père !... mon père !....

(Les portes s'ouvrent, le peuple pénètre dans les appartemens.)

UN HÉRAUT D'ARMES. Le roi est mort: vive le roi !

SUNDERLAND. Sire, que je sois le premier à saluer votre majesté.

TOUS , *s'inclinant.* Sire !

LE P. PITER, *bas au duc.* Songez à vos promesses, à vos sermens.

LE DUC. Robert Sunderland, vous êtes président du conseil. Comte Halifax, vous êtes trésorier de la couronne. Georges Jefferies, baron de Wam , je te nomme chef de justice du banc du roi.

GUILLAUME PENN , *à part.* Pauvre Angleterre !....

SCÈNE XIII.

LES MÊMES , MARIE D'EST.

MARIE. Sire , mon cher duc, réjouissez-vous, nous aurons un légat pour notre sacre.

(Monmouth, qui, pendant tout ce tems est resté en prières aux genoux du roi, se relève tout-à-coup au comble de l'indignation.)

MONMOUTH. Se réjouir !... déjà !... Elle est digne de vous cette joie indécente! Déjà les intrigues, les faveurs, déjà le bienfaiteur est oublié ! et ces yeux ne sont pas fermés!... et son cœur n'est pas encore froid !... Il est là, mort, et dans sa soif du pouvoir, un frère insulte au cadavre d'un frère... Honte à toi, Jacques d'York, tu n'as pas respecté le lit de mort de ton frère !

LE P. PITER, *à Jacques*. Il faut régner.

LE DUC. Monmouth.... je vous donne soixante heures pour être sur le continent.

MISS LUCIE. Encore un exil !

MONMOUTH. Le règne de Jacques II commence.

LE DUC. Et je le déclare ici, afin que tous le sachent comme certain, ma volonté de roi est de soutenir le trône et l'autel.

LE P. PITER, *à mi-voix*. Dites l'autel et le trône, sire.

LE DUC. Oui, mon père, l'autel et le trône.

FIN DU PREMIER ACTE.

ACTE II.

---

23 JUIN 1685.

Même décor.

SCÈNE PREMIÈRE.

SUNDERLAND, HALIFAX, MORRAI, *foule de courtisans remplissant peu à peu la salle du palais et formant plusieurs groupes.*

SUNDERLAND, *s'approchant d'un groupe.* Eh bien! milords, vous savez le grand bruit ? on ameute contre nous les dogues des communes.

TOUS, *riant.* Ah! ah! ah!

SUNDERLAND. On nous promet des remontrances.

MORRAI. Nous les recevrons bien.

HALIFAX. Encore faut-il bien que le roi écoute les députés de la chambre.

SUNDERLAND. Laissez donc, lord trésorier, notre petit parlement voudrait nous tenir la dragée au ciel et nous faire demander des subsides les mains jointes. Par saint Judas! c'est eux qui y mettront les pouces, et nous leur dirons comme le saint roi Charles neuvième de France : Messe, mort ou Bastille.

HALIFAX. Vous parlez en nouveau converti, sir Robert, votre foi neuve vous rapporte d'assez bons revenus ; vive Dieu ! je suis aussi dévoué à notre roi Jacques que qui que ce soit, mais je ne voudrais pas qu'il touchât aux consciences... j'aime la justice...

SUNDERLAND. Et le peuple... il s'est trahi... il aime le peuple...

TOUS. Ah! ah! ah!

HALIFAX. Quand cela serait, voilà-t-il pas un crime d'état?

MORRAI. Au lever du roi, messieurs, les portes sont ouvertes.

(La foule se porte aux galeries latérales et s'écoule.)

SCÈNE II.

GUILLAUME PENN, BARILLON.

GUILLAUME PENN. Laissons s'écouler cette mer de fous et de flatteurs.

BARILLON. Eh bien! sir Guillaume Penn, êtes-vous content de moi ? j'ai obtenu de la reine une entrevue pour votre protégée.

GUILLAUME PENN. J'en suis reconnaissant.

BARILLON. Sans trop de curiosité, c'est une pension que mistriss Walter demande?

GUILLAUME PENN. En échange d'une couronne, ce ne serait pas trop.

UN HUISSIER, *annonçant.* Sa gracieuse majesté la reine.

GUILLAUME PENN. Puis-je introduire mistriss Walter?

BARILLON. Je le pense.

SCÈNE III.

LA REINE, BARILLON, *Suite de la reine se tenant aux portes extérieures.*

LA REINE. Bonjour, mon cher ambassadeur ; vous me voyez toute ravie ; monseigneur don Ferdinando d'Adda a reçu une lettre du saint-père ; le gracieux pontife est fort satisfait... il nous marque de persévérer... il laisse à entendre qu'après l'extinction de l'hérésie, il pourrait bien donner un chapeau rouge à notre révérend père Piter.

BARILLON. Ce serait un beau triomphe pour votre majesté.

LA REINE. Oh ! oui ; mais ma majesté a un autre chagrin.

BARILLON. Lequel?

LA REINE. Malgré nos efforts, le roi mon mari ne pourra jamais porter le titre de roi très-chrétien, comme Louis de France, ou de très-catholique comme Philippe d'Espagne.

BARILLON, *souriant*. On ne peut pas tout avoir.

LA REINE. Je vous cause ouvertement de tout cela parce que vous êtes Français... Les Anglais, même ceux qui se font catholiques, ont quelque chose de grave, de dur, qui me gêne. Ah! je soupire quelquefois, quand je songe à la différence de mon beau pays et de celui-ci.

BARILLON. Je le conçois, un autre ciel.

LA REINE. Oh! non seulement cela; ici, il faut presque nous cacher pour aller à la messe; point de ces belles églises; quelques petites chapelles qu'on nous accorde par grâce... pas de cérémonies, de processions.. ah! le vilain peuple! on fait bien de brûler les impies. Quand j'en parle au roi, il me dit : Il faut attendre, il faut aller doucement. A sa place, cela serait fait tout de suite, j'établirais une bonne inquisition.

BARILLON, *à part*. Si jeune et si fanatique!

LA REINE. Si vous saviez, à Parme, à Modène, il n'y a rien de plus beau, de plus sublime que la fête du Saint-Sacrement : toutes les rues tapissées, partout des roses, des guirlandes, on dirait une ville de fleurs.. ici, rien; on croirait que Dieu est en prison. (*Miss Walter paraît accompagné par Guillaume Penn.*) Ah! voilà votre ennuyeuse miss Lucie... il faut donc lui faire bonne mine?

BARILLON. Un peu de pitié pour le malheur.

LA REINE, *sèchement*. Le malheur hérétique!

BARILLON, *à part*. Italie! Italie!

(Il va vers miss Lucie, l'engage à approcher et se retire avec Guillaume Penn.)

SCENE IV.

LA REINE, MISS LUCIE.

(Elle est en grand deuil, et vient se mettre aux genoux de la reine.)

MISS LUCIE. Madame, j'ai vainement sollicité une entrevue du roi... je n'ai plus d'espoir qu'en vous. Ah! par cet époux que vous aimez, par tout ce qui vous est cher au monde, rendez-moi mon fils, faites que son exil cesse et je croirai vous devoir la vie.

LA REINE. Miss, je ne me crois pas assez de pouvoir pour être utile à votre fils, le roi est trop justement irrité contre lui, et je dois approuver sa sévérité.

(Elle fait signe à miss Lucie de se relever.)

MISS LUCIE. Hélas! votre majesté n'est-elle donc pas jalouse des prérogatives de notre sexe? et ne profiterez-vous de votre ascendant sur le roi que pour lui conseiller des rigueurs?

LA REINE, *avec dépit*. Des rigueurs... je vous trouve bien osée, en ma présence. Appelez-vous rigueur mon zèle pour la vraie foi? oui, je poursuivrai toujours vos maudits puritains, vos damnés covenantaires, ce sont les ennemis de Dieu, et quand je demande qu'on les punisse, et qu'on les mette en prison ou au pilori, ce n'est pas de la rigueur, madame, c'est de la piété.

MISS LUCIE. De la piété!... (*Pénétrée.*) Ah! madame, je vous plains.

LA REINE. Terminons, miss Lucie Walter.

MISS LUCIE. Pardon, madame, j'avais oublié mes afflictions personnelles; en pleurant sur mon fils, je me suis permis de pleurer aussi sur le sort de mes frères malheureux, persécutés; peut-être est-ce manquer de respect à votre grâce... Hélas! ce fils que je vous redemandais pour consoler mes derniers jours, pour me fermer les yeux, il est infidèle aussi, je ne dois plus rien espérer, je me retire.

LA REINE. Votre Monmouth n'a-t-il pas été ingrat envers le roi? il lui offrait le gouvernement de l'Irlande...

MISS LUCIE. A la condition d'abjurer sa croyance; il a dû refuser, il a préféré l'exil.

LA REINE. Eh bien! qu'il y reste donc! point de pitié pour les ennemis de la foi.

MISS LUCIE. Ah! madame, vous n'êtes pas mère!

LA REINE, *d'abord frappée et légèrement émue par cette réflexion*. Non, mon Dieu! et c'est ma plus grande peine..... ah! cela serait une belle victoire pour nos ennemis. Si je ne donnais pas un héritier au trône, la princesse d'Orange règnerait avec son huguenot de Guillaume. (*Redevenant de plus en plus aigre.*) Mais il n'en sera pas ainsi, les prières des saints seront exaucées, nous avons des messes à la Vierge à Rome, à Paris et à Madrid; signor Ferdinando va bénir lui-même notre chapelle de la Nativité; nous aurons un prince de Galles, qui sera baptisé catholique, apostolique et romain, selon le traité avec le duc de Modène, mon père. Le duc de Modène ne souffrirait pas qu'on lui donnât des petits-enfans hérétiques; non, madame, il ne le souffrirait pas.

MISS LUCIE. Hélas! je joindrais de grand cœur mes prières aux vôtres!

LA REINE, *avec amertume.* Je vous entends, belle miss... vous prieriez pour nous si vous aviez la foi, si vous n'étiez pas la mère de Monmouth... si vous n'étiez pas... la favorite du roi Charles...

MISS LUCIE. Sa favorite! Éh, quoi! j'ai respecté votre rang et vous ne respectez pas ma douleur!... Jeune reine, vous me connaissez trop mal! je n'étais point la favorite de Charles Stuart, j'étais sa femme.

LA REINE. Dieu!

MISS LUCIE. Son épouse légitime devant Dieu et devant les hommes. Fille obscure, j'avais donné ma main et ma tendresse à un prince errant, malheureux et sans couronne. Plus tard, le trône lui fut rendu, je pouvais faire valoir des titres que je possède encore..... je pouvais être reine, Marie d'Est; et jamais une princesse de Modène n'eût touché au sceptre d'Angleterre. Mais l'amour de la patrie parla plus haut dans mon cœur que l'ambition et que l'amour; j'avais pourtant un fils que je chérissais, qui faisait mon espoir, mon orgueil; eh bien! Catherine de Portugal fut souveraine, la fille obscure cacha ses droits et garda son obscurité; pour laisser à son époux une alliance nécessaire, elle sacrifia tout, et consentit à vivre déshonorée. Marie d'Est, laquelle de nous deux est la meilleure chrétienne? laquelle a le plus de vertu?...

LA REINE. Madame... laissez-moi, vous m'effrayez...

(Apercevant le P. Piter, elle court à lui; miss Lucie les regarde avec pitié et sort.)

SCENE V.

LA REINE, LE P. PITER.

LA REINE. Ah! mon révérend, venez, sauvez-moi... cette femme me fait peur.

LE P. PITER. Qu'on l'arrête!

LA REINE. Non! restez... conduisez-moi chez le roi.

LE P. PITER. Eh! qu'est-ce donc? votre majesté paraît dans un trouble horrible... cette miss Walter aurait-elle osé?...

LA REINE. Elle est mariée; mon père, elle était la femme de Charles... c'est une indignité, venez, je veux voir le roi...

LE P. PITER. Mariée!...

LA REINE. Elle a des titres...

LE P. PITER. Sainte Vierge!

UN HUISSIER, *entrant.* Plusieurs députés des hautes chambres demandent à être introduits.

LE P. PITER. Qu'ils attendent. (*A la reine.*) Calmez-vous, madame, dissimulez l'altération de votre visage, je crois inutile de parler à sa majesté de votre entrevue avec cette Walter, attendons, et consultons avant tout notre vénérable prélat.

LA REINE. Oui, mon père, je ferai comme vous l'entendrez.

(Elle rejoint sa suite et rentre dans ses appartemens. Le P. Piter va pour entrer chez le roi, les députés se présentent.)

SCÈNE VI.

LE P. PITER   HAMPDEN, RUSSEL, *plusieurs* DÉPUTÉS *des communes.*

RUSSEL. Monsieur l'abbé Piter, la conduite que l'on tient envers nous est fort étrange; prétend-on nous empêcher de voir le roi?

LE P. PITER, *ironiquement.* Vraiment, non, messieurs des communes, ce n'est point là notre intention. (*Passant fièrement devant eux.*) Je vais vous annoncer moi-même à sa majesté.

(Il entre chez le roi.)

HAMPDEN. Voilà ce qui nous attendait, messieurs, à cette cour papiste, un introducteur en soutane.

RUSSEL. Nous avons vu un tems où la salle du joyau de Withe-Hall était tapissée d'étendards conquis et d'armures de fer... la voilà meublée de cierges.

SCÈNE VII.

LES MÊMES, SUNDERLAND, MORRAI.

MORRAI. Le roi est dans une joyeuse humeur ravissante, en connaissez-vous le motif?...

SUNDERLAND. Président du conseil de conscience, est-ce que je ne sais pas tout?

MORRAI, *riant.* C'est pour le conseil de conscience que vous avez abjuré.

SUNDERLAND, *se frottant les mains.* Barillon a reçu de Paris une nouvelle divine, l'édit de Nantes est révoqué.

MORRAI. Les protestans chassés de France! bravo! Décidément ce Louis XIV est un grand roi.

SUNDERLAND, *riant.* Et ses dragons un bon régiment de convertisseurs. (*Apercevant les députés.*) Eh! qui vous savait là, nobles représentans? soyez les bienvenus, nos nobles seigneurs des communes! Quelle antienne venez-vous nous chanter?...

RUSSEL, *fièrement*. Si nous avions une antienne à chanter, milord, ce serait pour prier la providence qu'elle maintînt le roi notre sire dans sa digne grâce, qu'elle lui ouvrît les yeux, et qu'elle le préservât d'écouter des conseillers tels que vous.

MORRAI. Sir Edward Russel, vous oubliez en quel lieu vous êtes et à qui vous parlez.

SUNDERLAND, *à Russel.* Votre révérence me fera plaisir de me dire où elle prend sa chaussure. (*Riant.*) Ah! ah! par Jupiter! voilà des souliers solides, et d'une forme gracieuse... ils auraient grand succès à la cour; qu'en dites-vous, Morrai?

(Russel lui tourne le dos sans lui répondre. Hampden s'approche de Sunderland.)

HAMPDEN. Priez tous les saints du paradis, lord Sunderland, qu'ils vous fournissent une pareille chaussure, si jamais il vous faut fuir de cette cour où vous ne portez que des souliers de soie!...

SUNDERLAND. Des menaces, à moi!... insolente populace!...

(Il lève son gant sur la figure de Hampden, qui met aussitôt la main à son épée.)

HAMPDEN. Ne touchez pas un député du peuple, sir Robert... ou je vous étends mort à mes pieds.

L'HUISSIER DE LA VERGE NOIRE, *annonçant.* Sa gracieuse majesté le roi!

SCÈNE VIII.

Les Mêmes, LE ROI, LA REINE, LE P. PITER, BARILLON, HALIFAX, Lords du conseil, suite.

LE ROI, *tenant plusieurs lettres qu'il remet à Barillon.* C'est une provision de joie pour toute ma semaine, mon féal Barillon; mettez-moi, je vous prie, aux pieds de votre glorieux maître, je me déclare son humble vassal. Cette révocation fait le plus grand bien à la foi. Vrai Dieu! cela donnera un bon coup sur le bec à nos grues d'Ecosse. (*Russel et Hampden s'approchent du roi et fléchissent le genou, il les repousse avec humeur.*) Une minute, messieurs, si vous le voulez bien. (*A Piter.*) Mon père, je vous prie, qu'après la lecture du saint évangile il soit recommandé une prière d'action de grâces pour le très-chrétien Louis de France, et aussi pour notre saint père Innocent XI, le vrai fils de saint Pierre et l'élu de Dieu.

LA REINE. Sire, monseigneur, oublierez-vous dans ces largesses le duc de Modène, mon noble père?

LE ROI. Non, mignonne, le duc de Modène aussi, et aussi le roi d'Espagne.

HALIFAX. Quelle décision votre majesté prend-elle au sujet des évêques non conformistes et du prédicant Shart?

LE ROI. A la Tour... vous les y conduirez.

HALIFAX. Dispensez-moi, sire, d'une mission aussi pénible...

LE ROI. Vous que j'ai vu combattre si vaillamment, comte Halifax, je vous trouve bien timide aujourd'hui... Ce sera donc mon fidèle Sunderland qui me serrera les évêques.

SUNDERLAND. J'obéis, sire.

(Il sort.)

MORRAI. L'envoyé de Hollande fait savoir à votre majesté que le prince d'Orange, selon votre désir, a chassé de ses états le duc de Monmouth.

LE ROI. Et Argyle aussi, je suppose; ces deux turbulens étaient trop près de nous, je voudrais les voir à mille lieues.

(La reine fait un mouvement comme pour parler au roi de Monmouth, le P. Piter la retient par un signe.)

LE P. PITER. Nous avons appris aussi que le lord-juge Jefferies accomplissait avec une pleine réussite sa mission dans les provinces de l'ouest. Trente hérétiques ou factieux ont été exécutés à Dorcester, et pareil nombre environ à Exester, à Taunton et à Wells.

LE ROI, *froidement.* Bien, qu'il achève sa campagne, le titre de chancelier l'attend ici. (*Sans se retourner.*) Approchez, messieurs des communes.

RUSSEL, *suivi des autres députés qui s'agenouillent comme lui devant le roi.* Sire, nous venons seulement exprimer à votre majesté de modestes désirs.

LE ROI, *avec ironie.* Si modestes qu'ils soient, quels sont-ils, messieurs?

(Il leur fait signe de se relever.)

RUSSEL, *debout.* Nous souhaitons, sire, que le roi de concert avec les chambres porte remède aux maux de l'état, et ne se laisse plus guider par un seul homme ou par des conseillers perfides.

LE ROI, *souriant à Piter.* Ceci est une dragée à votre adresse, mon révérend.

HAMPDEN, *un papier à la main.* Nous présentons humblement cette pétition à votre majesté, afin d'assurer nos libertés civiles et religieuses... mais aussi avec le juste dessein de laisser intact le pouvoir souverain dont votre majesté est revêtue, pour la protection, la sûreté et le bonheur de ses sujets.

LE ROI. Par saint Georges!... je l'espère bien. (*Regardant le papier.*) Qu'y a-t-il là-dedans?

HAMPDEN. Nous osons remontrer humblement à votre majesté, par le premier article de cette pétition, qu'en dépit de notre grande Charte, et malgré le serment fait par le roi lui-même lors de son avénement au trône, les persécutions que l'on fait éprouver aux soi-disant hérétiques ou non conformistes annoncent assez le projet de changer notre sainte religion.

LE ROI, *avec humeur.* Ainsi, c'est pour l'avenir seulement que vous vous effrayez.. par ma foi! voilà du nouveau.

HAMPDEN, *avec fermeté.* C'est pour le présent, sire, les échafauds et les bûchers sont debout.

LE ROI. Ceux que l'on punit sont coupables, ce sont des pamphlétaires, des conspirateurs... il y a un juge pour les absoudre ou les condamner, tout se passe légalement.

HAMPDEN. Et ce juge est Jefferies!...

LE ROI. Après, messieurs, sont-ce là tous vos griefs?

HAMPDEN. Par le second article, nous nous plaignons à votre majesté que les dernières élections n'ont point été libres, et qu'un grand nombre de lords n'ont pas été convoqués au parlement...

LE ROI, *l'interrompant.* Cela est faux.

HAMPDEN. Sire.....

LE ROI. C'est un mensonge!...

HAMPDEN, *avec noblesse.* Que rapporterons-nous au parlement qui nous envoie, sire?

LE ROI. Rien, messieurs, rien du tout... Je n'aurais jamais cru qu'un tel message me vînt du parlement.... Votre pétition me prouve que les paroles ne signifient rien. Non, de par Dieu! vous me demandez ici ce qu'on n'a jamais demandé à un roi... Je ne vous retiens plus, messieurs; songez seulement à mes subsides : je n'ai que cela à vous dire.

(La députation fléchit le genou et sort; le roi agité se promène à grands pas.)

SCENE IX.

LES MÊMES, *excepté* RUSSEL, HAMPDEN, *et* LES AUTRES DÉPUTÉS.

LE P. PITER. Sire, ne châtierez-vous pas ces insolens?

LE ROI, *marchant à grands pas.* Ne pourrai-je donc jamais vivre en paix avec ces endiablées communes!...

LA REINE. Tant que vous leur céderez, sire, ils croiront vous faire peur....; c'est votre trop grande bonté qui fait leur audace. Le duc de Modène, mon père, les aurait déjà pulvérisés.

LE ROI. Mariette, ma chère, si on vous écoutait, il faudrait tout briser.

LE P. PITER, *très-sévèrement.* Il est des cas de conscience, sire, où la fermeté, la rigueur même, deviennent le devoir d'un chrétien.

LE ROI, *s'arrêtant devant lui les bras croisés.* Vous croyez?... Ah!... je me rappelle ces fortes paroles que l'archevêque Laud dit jadis à mon père : La royauté périra par les communes, si les communes ne périssent par la royauté.

MORRAI. Vous avez de vaillantes épées qui vous entourent, sire, que craignez-vous de ces hommes de plume?

LA REINE. Craignez tout de ces presbytériens, mon cher seigneur.... Mon père, qui est un vaillant prince et champion de l'église, a été menacé du poignard par des calvinistes réfugiés en Toscane.

BARILLON. S'il m'était permis de mêler ma voix à celle de vos conseillers, sire, je dirais ces seuls mots : Le roi, mon maître, a renversé la Fronde et relevé le pouvoir royal en se montrant au parlement un fouet de poste à la main.

MORRAI. Sire, c'est à cheval qu'on est roi.

LE P. PITER, *brusquement.* Et n'est pas roi qui ne s'y montre.

LE ROI. De par Dieu et ma couronne! il ne sera pas dit qu'ils feront de moi un roi de paille!... Je casse le parlement..... qu'on arrête les deux orateurs pour propos insolens, et qu'on les enferme à la Tour!

LA REINE. Oh! mon cher sire, que je vous embrasse!

HALIFAX. Sire, après un tel acte de rigueur, Votre Majesté acceptera donc ma démission de la charge de trésorier.

LE ROI, *d'abord interdit.* Votre démission!... je l'accepte avec votre épée, milord.

HALIFAX, *remettant son épée à un officier.* La voilà : c'est celle que portait mon père à Marston-Moore, quand il est mort pour le vôtre. (Il sort.)

SCÈNE X.

LES MÊMES, *excepté* HALIFAX, SUNDERLAND.

BARILLON. Ah! sire, vous perdez un bon serviteur.

LE P. PITER, *avec humeur.* Un sot, voilà tout.

SUNDERLAND. Les ordres de votre majesté sont exécutés : nos révérends prélats et quelques prêcheurs sont à la Tour, à la garde de trois bons verrous de fer.

LE ROI. Et il n'y a point eu de troubles, de murmures?...

SUNDERLAND. Deux ou trois caquets ; des tisserands et des bonnes femmes... un brasseur de Billing-Street, nommé Jerwis, un fanatique, qui s'est permis de crier : Charte et franchise!... Par Dieu! je les ai régalés des hoquetons de la chancellerie.

LE ROI. Bien... Qu'est-ce encore que ce bruit?

PLUSIEURS VOIX, *au dehors et aux portes des appartemens.* Jefferies! Jefferies!...

LE ROI. Quoi! Jefferies de retour.

(Jefferies paraît en costume de voyage ; chacun semble surpris de cette arrivée subite, quelques-uns reculent comme épouvantés en le voyant.)

SCENE XI.

LES MÊMES, JEFFERIES.

JEFFERIES, *s'inclinant devant le roi.* Sire, mon noble maître, croyez qu'il a fallu un événement d'une telle importance pour me faire quitter ma mission dans l'ouest ; mais aucun courrier n'eût pu me devancer pour vous instruire... Sire, votre couronne est menacée : le duc de Monmouth est débarqué à Lime...

LE ROI. Monmouth!.... répète cela, Georges... Monmouth!!...

JEFFERIES. Il s'est embarqué d'Amsterdam avec deux cents émigrés environ. Déjà sa troupe se monte à plus de huit mille hommes ; il est maître de tout le comté de Dorset, et marche sur Bridport.

LE ROI. Monmouth!... Ah! que mille diables serrent la gorge à ce mécréant, au prince d'Orange, à ma fille Marie et à tous les huguenots!...

LA REINE. Monmouth en Angleterre! nous sommes perdus!

LE ROI. Ah! ceci est un coup que me lancent les états et mon beau gendre Guillaume d'Orange... C'est à dessein qu'ils m'ont lâché ce loup-cervier de Monmouth.

LE P. PITER. Sire, il faut l'excommunier...

LE ROI. Tant qu'il vous plaira, mon père... Vertu de roi!... il me faut mieux que cela pour le combattre. Déjà maître d'un comté! c'est du canon grondant que

je veux d'abord... Je vous abandonne sa conscience, à vous et à l'enfer ; mais il me faut sa tête... par ma vie! il me la faut... (*Il se jette dans un fauteuil.*) Mais est-ce bien réel, mon Jefferies?... n'est-ce point une fable inventée par les puritains?

JEFFERIES. J'ai vu son avant-garde, sire : elle était commandée par lord Grey et Fletcher...

LE ROI. Il n'en faut donc plus douter!... mais que faire?... rien ne me paraît assez prompt. (*Se levant.*) Le parlement n'est pas encore cassé... c'est heureux ; il me faut de l'argent... Je compte aussi sur vos conseils, mon cher Barillon, et sur l'appui de votre maître. Que les hautes chambres se réunissent au plus tôt.

(Des officiers du palais sortent.)

LE P. PITER. Sire, nous pourrions ordonner des prières et un jeûne...

LE ROI. Au plus pressé, mon père, au plus pressé : des armes, des bras et de l'argent. (*A Morrai.*) Placez-vous là, comte Morrai... Ecrivez : « Les garnisons » de Londres seront doublées dans le plus » bref délai. Le duc d'Albermale prendra » le commandement des milices. Les trou- » pes régulières marcheront sous les or- » dres de notre bien-aimé lord Churchill. » Le lord comte Feversham aura seul le » commandement général de l'expédition » contre les rebelles. »

(Il relit rapidement ce qu'il vient de dicter, signe, et remet le papier à des officiers du palais. — Allant vers Jefferies.)

Mon tendre Georges, il me faut ici tout ton zèle, toute ton activité. Disperse-moi sur la côte et par les provinces tout ce que tu pourras trouver d'espions intelligens... Il me faut des nouvelles à chaque quart de minute... (*Revenant vers Morrai et dictant*) : « Jacques Scott, ci-devant duc de Mon- » mouth, par cet édit dégradé de toute » noblesse, est déclaré traître à la patrie, » félon et coupable du crime de lèse-ma- » jesté. Jacques Scott est mis hors la loi » de ces royaumes ; ses proclamations ou » manifestes seront brûlés par main de » bourreau. Nous ordonnons à tous nos » fidèles sujets de lui courir sus ; la somme » de cinq mille livres sterling est promise » à qui le livrera mort ou vif.

» En notre palais de White-Hall, le 23e » de juin 1685. »

(Il signe.)

(Pendant cette scène, la reine s'entretient bas avec Piter, qui paraît l'engager au silence. On entend sonner faiblement une cloche.)

LE ROI, *quittant la plume et se retournant.*
Eh bien!... quoi! le tocsin?...

LE P. PITER. Sire... c'est l'heure du salut.....

LE ROI. Ah!... (*A lui-même.*) Sottise! avoir peur d'une sonnerie!... (*Haut.*) Mes-sieurs, le conseil privé se réunira ce soir dans la grand'salle. (*Prenant la main de la reine.*) Allons au salut, mon père.

FIN DU DEUXIÈME ACTE.

ACTE III.

17 JUILLET 1685.

Une chambre tapissée et meublée modestement, chez miss Lucie Walter.

SCENE PREMIERE.

MISS LUCIE, ANNA.

(*Miss Lucie est dans un fauteuil près d'une table; elle paraît souffrante; Anna lui donne des soins.*)

ANNA. Vous sentez-vous mieux, madame?

MISS LUCIE. Oui, oui, repose-toi, ma pauvre Anna. (*Après un silence.*) Encore une journée de crainte, d'espoir, de fièvre et d'angoisses! point de nouvelles!... ah! il est vaincu, Anna; s'il eût remporté le moindre avantage, la rumeur publique nous l'aurait déjà appris.

ANNA. Au contraire, ma chère mistriss, les mauvaises nouvelles vont si vite : puisque nous ne savons rien, il faut espérer.

MISS LUCIE. Espérer!... oui, la mort... et elle ne vient pas pour moi... Ainsi j'ai vécu pour toujours souffrir..... j'ai vécu pour voir deux révolutions, et mon père, mon époux et mon fils tomber les victimes de ces luttes sanglantes.

ANNA. Madame, voilà sir Guillaume.

MISS LUCIE. Ah! tant mieux... Sa présence ne calme point mes douleurs, mais elle me les fait supporter.

SCENE II.

Les Mêmes, GUILLAUME PENN.

(*Il entre, introduit par un domestique; miss Lucie veut se lever, il lui fait signe de rester assise, et s'avance sans parler jusqu'à elle. Il lui presse la main amicalement.*)

MISS LUCIE. Vous ne savez rien?

GUILLAUME PENN. Rien.

MISS LUCIE, *avec désespoir.* Argyle a péri funestement, le même sort attend Monmouth.

GUILLAUME PENN. Toujours du désespoir...

MISS LUCIE. Sans vous, je serais morte, William. Mais ne venez plus; ma retraite est entourée d'espions..... vous courez des dangers en venant chez moi..... celui qui console la mère de Monmouth doit être suspect.

GUILLAUME PENN. Non, milady. Quelque ombrageux que soit un despote, il ne peut trouver suspect celui qui lui prodigue gratuitement ses trésors, qui ne veut ni titre ni puissance, qui vit pauvre au sein des richesses, et qui ne fait d'autre mal que de pleurer avec les malheureux.

MISS LUCIE. Ah! Guillaume Penn, vous êtes le seul homme pur qui soit resté à l'Angleterre.

GUILLAUME PENN. Si, ma chère lady, l'Angleterre, croyez-le, possède encore des hommes purs et d'une vertu éprouvée...

MISS LUCIE, *presque vivement.* Mais où sont-ils donc?

GUILLAUME PENN, *gravement.* Dans les prisons de Londres.

MISS LUCIE, *avec douleur.* Oui, oui, des prisons, des échafauds... on devait s'y attendre quand York est monté sur le trône.

GUILLAUME PENN, *avec amertume.* C'est un grand mal qu'un mauvais roi. Pauvre, pauvre Angleterre! je t'ai vue si belle, si forte; désarmant l'Allemagne, comprimant la Hollande, imposant même des lois au fier Louis XIV... et te voilà!... ah!... infortunée Lucie! tu pleures un fils; moi, je pleure une patrie.

MISS LUCIE. Quittez-la donc cette funeste patrie, retournez dans celle que vous vous êtes créée où tant d'amis vous attendent, où tant de vœux vous appellent.

GUILLAUME PENN, *souriant.* Non, pas encore... plus notre mère est affligée, plus elle nous est chère; là-bas, je n'ai que des visages joyeux à voir; ici..... j'ai tant de larmes à essuyer!...

UN ÉCUYER DU ROI, *entrant.* Madame, sa majesté la reine d'Angleterre fait demander à votre grâce si elle veut bien recevoir sa visite...

MISS LUCIE, *très-étonnée.* La reine !...

GUILLAUME PENN. La reine, ici !...

MISS LUCIE. La reine chez moi !..... à cette heure !..... que signifie ?... ah ! Monmouth serait-il vainqueur ? serait-ce un accommodement, la paix, du bonheur ?...

(Elle s'élance vers la porte, la reine paraît, elle s'arrête court ; un peu après paraît Piter, qui suivait la reine.

GUILLAUME PENN, *voulant sortir.* Milady, je me retire. (*Voyant Piter.*) Piter aussi !... je reste.

SCENE III.

LES MÊMES, LA REINE, LE P. PITER.

LE P. PITER, *à part.* Toujours ce quaker ici !...

MISS LUCIE, *allant au-devant de la reine.* Que votre majesté pardonne le trouble où elle me voit...

LA REINE, *se composant.* Bonsoir, ma chère lady Walter... j'ai su que vous étiez souffrante... je viens vous voir.

GUILLAUME PENN, *à part.* C'est un piége.

MISS LUCIE. Madame, tant de bonté me pénètre.

LA REINE. Je viens à l'insu du roi, vous devez le penser. (*Apercevant Guillaume Penn, elle lui fait signe de sortir ; celui-ci feint de ne l'avoir pas remarqué. Elle fait un second geste plus impérieux. A Guillaume Penn.*) Eh bien ! ne comprenez-vous pas que je vous ordonne de sortir ?...

GUILLAUME PENN. Sa majesté a-t-elle à s'entretenir seule avec milady ? j'y suis prêt...

LA REINE. Et que vous importe ? sortez.

(Miss Lucie fait signe à Guillaume Penn de céder.)

GUILLAUME PENN. Ton confesseur passera donc le premier... je le suivrai.

(Il engage, par geste, le P. Piter à quitter l'appartement.)

LA REINE. Qu'est-ce donc ? non, restez, mon père, je le veux ; et vous encore une fois, laissez-nous, je vous l'ordonne.

MISS LUCIE, *avec hésitation.* Sir William, si sa majesté le désire...

LA REINE, *s'emportant.* C'est aussi trop d'audace... que l'on fasse entrer mes hommes de suite et qu'ils mettent hors d'ici cet homme incivil...

GUILLAUME PENN, *sans quitter son sang-froid.* Milady reine*, la vieillesse et les vertus sont une majesté que tu dois savoir respecter. Alfred-le-Grand, qui était aussi un noble roi de la vieille Angleterre, disait aux *hommes de sa suite* : « Je n'entrerais » pas chez un chevrier de Lincoln sans re- » tirer mon chapeau, et sans lui demander » la permission de m'asseoir. » Je suis ici chez moi, cette maison m'appartient, j'y ai offert un asile à ma bienfaitrice, car personne n'osait donner un lit à la veuve de Charles II. Cependant je me retire, mais ce prêtre papiste sortira devant moi.

LA REINE, *très-radoucie.* Pourquoi donc ces apprêts, cette méfiance, sir William Penn ?

GUILLAUME PENN. A Dieu ne plaise que l'on puisse me supposer cette méfiance à l'égard de ma souveraine !..... mais lady Walter est pour moi une sœur....... une mère... enfin, sa majesté a-t-elle à entretenir seule lady Walter ?

LA REINE. Oui. (*Bas à Piter.*) Allez, mon père...

GUILLAUME PENN, *à miss Lucie.* Je ne m'éloignerai pas, je reviendrai bientôt.

(Il s'incline légèrement devant la reine et sort après Piter.)

SCENE IV.

LA REINE, MISS LUCIE.

LA REINE. Votre sauvage d'Américain m'a froissé... que signifie une telle appréhension ?

MISS LUCIE. Pardonnez-lui son attachement pour moi, madame, les hommes de sa secte sévère sont en crainte des prêtres romains... Mais, de grâce, que votre majesté daigne satisfaire à mon impatience !... le but d'une visite qui m'honore... n'était pas... ma santé, je le suppose...

LA REINE, *cherchant ce qu'elle va dire.* Non, milady, c'est vrai.

MISS LUCIE. Venez-vous pour mon fils ?... ah ! parlez, parlez !...

LA REINE. Écoutez-moi, ma chère lady Walter..... la folle invasion du duc votre fils ne peut sérieusement alarmer la cour ; déjà trente mille hommes bien armés le cernent en avant de Bridgewater, s'il ose risquer une bataille, il est perdu.

MISS LUCIE. Vous me faites frémir !.....

LA REINE. Mais nous gémissons de voir le fléau de la guerre civile ravager encore ce malheureux pays.

MISS LUCIE. Ah ! je donnerais tout mon sang....

LA REINE. Eh bien! dans l'intérêt de la nation, dans le vôtre, monseigneur l'archevêque d'Amasie le légat de sa Sainteté, le révérend P. Piter, mon directeur et moi, nous avons avisé au moyen prompt et facile pour que tout soit fini....

MISS LUCIE. Est-il possible!... Ah! madame, je vous bénis.... Tenez, pardonnez, c'est joie, c'est saisissement.... Je pleure... mais je vous écoute.

LA REINE. N'avez-vous pas gémi autant que moi de cette fatale invasion, de cette guerre cruelle?...Votre fils ne fut qu'égaré par un rêve d'ambition et par de perfides conseils; cette tête ardente, déjà brisée par un long exil, se sera exaltée en apprenant les circonstances exactes de sa naissance.

MISS LUCIE, *froidement.* Madame, il les ignore encore....

LA REINE. Dieu!... qu'il les ignore toujours!.. qu'il se croie fils de miss Lucie!.. Livrez-moi l'acte de mariage qui vous unissait à son père ,... et, dès ce jour, toute animosité cesse entre les maisons d'York et de Monmouth, ce fils chéri vous est rendu; son exil, la condamnation qui le frappe encore, tout est annulé, il rentre en grâce auprès du roi; et c'est à vous qu'il doit tant de bienfaits auxquels il devait si peu s'attendre.

MISS LUCIE, *d'abord froidement et s'animant par degrés.* Madame, si vous m'avez parlé du fond de votre cœur; dans l'intention pure de faire cesser une guerre cruelle, j'en suis bien reconnaissante, je vous en remercie. C'est une belle vertu que la clémence. Si c'est par un motif perfide que vous êtes venue près de moi; si votre dessein fut de m'enlever le titre que vous réclamez, uniquement pour vous, pour jouir sans crainte d'une couronne usurpée, je vous plains; je plains votre religion, et vos prêtres qui enseignent de si grandes noirceurs. Je me suis jurée à moi-même de ne jamais faire usage pour moi des titres que je porte tant que la reine Catherine existera, c'est mon devoir. J'ai pu consentir à vivre méprisée, à passer pour la maîtresse dédaignée d'un prince; mais déshonorer mon fils! le déshériter du nom de son père! d'un trône peut-être!.. Jamais, ne l'espérez pas!.. Lucie Walter est pour tout le monde une femme pauvre; oubliée, que l'on croit morte, que l'on traite de prostituée.... Pour elle seule, lady Walter est reine légitime de la grande Bretagne, et elle en a tout le cœur, elle

en sent tout l'orgueil, elle en connaît tous les devoirs.

LA REINE, *pleurant à la fois d'humiliation et de dépit.* Voilà ce que je craignais, ce dont j'étais sûre....Je le leur disais,.... ils m'ont forcée, et ce Piter qui m'a quittée!.. Ah!... où suis-je?... mon Dieu! mon Dieu!... me voilà humiliée, compromise, devant une femme que je déteste..... C'est affreux!

MISS LUCIE, *avec persuasion.* Si c'est cette démarche auprès de moi, que votre majesté se rassure, le plus grand silence.

LA REINE. Vous vous tairez par égard... votre pitié, n'est-ce pas?... Je n'en veux point de votre pitié,... vous m'êtes odieuse. Oh! n'espérez pas que je fléchisse le roi. Non, point de grâce pour un hérétique, pour un rebelle qui sera pris les armes à main. Oh! j'irai de grand cœur au *Te Deum* quand nous en serons là... (*Fausse sortie.*) Et, croyez-moi encore, belle miss, priez Dieu pour que sa majesté ne fasse pas retomber son courroux sur vous-même.

MISS LUCIE, *noblement.* Je prierai Dieu pour qu'il vous conserve et qu'il vous éclaire.

LA REINE, *à part, s'en allant.* Je prierai Dieu et saint Vincent de Modène, pour qu'ils nous en débarrassent.

(Elle sort sans regarder miss Lucie.)

SCENE V.

MISS LUCIE, *seule.*

Que penser de cette étrange démarche? Venir chez moi, presque seule, aux approches de la nuit... Si tout était désespéré pour le duc, elle ne l'eût point faite... Oh! non!... Si catholique! si orgueilleuse! On le craint encore; on craint ses partisans; on me craint moi-même!... Il faut donc espérer? vivre encore?... O rêve de mère, ne t'évanouis pas!...

SCENE VI.

MISS LUCIE, ANNA. (*Elle entre mystérieusement, un flambeau à la main.*)

ANNA. Milady, un jeune homme assez mal vêtu demande instamment à vous voir.

MISS LUCIE. Moi! quel peut être ce jeune homme?

ANNA. Je l'ai pris d'abord pour un mendiant, mais, sous ces habits grossiers, il a quelque chose de militaire : des gantelets d'armes, et une épée brillante.

MISS LUCIE. Malheureuse !... c'est Monmouth ! c'est lui-même ! Va, va... conduis-moi. C'est lui ! mon cœur me le dit ! j'en suis sûre !

(Elle s'élance vers la porte latérale ; Monmouth paraît, pâle, défiguré ; il porte une veste de paysan gallois, et vient tomber dans ses bras.)

SCÈNE VII.

MISS LUCIE, MONMOUTH.

MONMOUTH. Ma mère ! ma mère !

MISS LUCIE. Cher !... cher !...

MONMOUTH *l'embrasse encore.* Ma mère me reconnaît encore ! Ah ! il fallait le cœur d'une mère !..

MISS LUCIE. Vaincu ! malheureux !

MONMOUTH, *avec ame.* Madame, je n'ai pas pu mourir.

MISS LUCIE. C'était ma seule crainte !... Ah ! je frissonne. Je le regrette à présent.

MONMOUTH, *avec accablement.* Gray m'a trahi, vendu peut-être ! des prodiges ! des miracles ! ah ! quels soldats ! quels héros j'ai perdus ! non..... non ! c'est une valeur sans exemple... deux chevaux tués sous moi ; entouré de feux, d'épées, de lances, avec cinquante hommes j'ai combattu sept heures contre eux tous... et pas une balle, pas un boulet pour moi ! fuir ! fuir comme un lâche ! poursuivi, traqué comme une bête fauve... ne marchant que de nuit dans les haies... dans la fange...

MISS LUCIE, *très-émue.* Mon fils !

MONMOUTH. J'ai bravé tout : je voulais vous revoir ma mère, vous embrasser encore. J'y suis parvenu..... (*Souriant.*) M'y voilà.

(Il l'embrasse encore.)

MISS LUCIE. Et comment avez-vous pu entrer dans Londres ? tromper tant d'espions et de surveillans ?

MONMOUTH. Ce costume, un tems brumeux et un commencement de nuit sombre, et ma facilité à imiter l'idiôme du Hampshire auraient trompé les plus scrupuleux constables.

MISS LUCIE. Quelques heures de repos, mon James, et cette nuit même nous partirons ; ici, ni sommeil, ni retraite à espérer. Chaque seconde qui s'écoule me fait mourir de terreur. Tu ne me quitteras plus, je te suivrai partout, ta mère adoucira tes maux en les partageant. Oh ! ne t'alarme

Jacques II.

point de mon sexe, ne viens point me reprocher mon âge ; une mère, James, une mère en tout tems, à toute heure, a assez de force pour supporter les fatigues de son fils, assez de courage pour affronter ses dangers ou sa misère ! Nous fuirons loin, dans les Orcades, dans les Hébréides, plus loin encore, au fond de l'Islande. Là, du moins, je ne tremblerai pas pour ta vie. (*Très-émue.*) Tu me le promets, mon James, nous partirons ensemble cette nuit même ?

MONMOUTH. Meilleure des mères ! que répondre à tant de tendresse ?.. vous adorer, vous idolâtrer, vous obéir, la tombe seule nous séparera.

SCENE VIII.

LES MÊMES ; GUILLAUME PENN.

MISS LUCIE. Ah ! venez, mon ami, mon fils m'est rendu, je vois ici tout ce qui m'est cher.

GUILLAUME PENN. Anna me l'avait appris.

MONMOUTH, *courant à lui.* Vous m'avez conservé ma mère. Ah ! que ne vous dois-je pas !...

MISS LUCIE. Nous partons, sir William, nous partons cette nuit même, il me l'a promis. Ici, tout est danger pour lui, tout est mort... il faut fuir sans retard.

GUILLAUME PENN. Et tomber demain sans défense dans les bandes de Jefferies. Moins de désespoir, plus de prudence ! Impossible qu'on te soupçonne à Londres. C'est à peine si ta défaite est une nouvelle certaine à White-Hall. Profitons de ce court moment pour te sauver, mon fils, et c'est sur moi seul que je m'en repose. Nous fuirons ensemble, non en Ecosse, en France où l'on vend la vie d'un proscrit ; mais dans un lieu plus sûr, où il n'y a point de tortures, point de trône, point de bourreaux, dans un pays vierge et libre, où je vous donne un asile, une patrie.

MONMOUTH, *abattu.* Encore l'exil, toujours l'exil !... c'est affreux. Sol natal, Angleterre, chère Angleterre ! il me sera donc refusé de vivre ou mourir dans ton sein, parce que je suis du sang malheureux de Stuart ! Je suis né prince, et je n'ai point de patrie ; mon pays est maudit pour moi. Ah ! ce n'est pas lui que j'accuse, il m'aime, il m'accueille ; ce sont ses tyrans qui me repoussent. Oh ! que ne suis-je un artisan, un pauvre pêcheur ! là, sur cette belle Tamise, sans noblesse, sans pain, sans couronne, que ce peuple insouciant est heureux ! et il nous envie une plume, un manteau !

2

et dans son ignorance, il dit : Heureux comme un roi !

GUILLAUME PENN. Noble Monmouth ! oh ! ne crois pas que je te blâme ; tes regrets pénètrent mon cœur, ils sont les miens. La patrie, la mère-patrie est aussi le deuil de mon ame. Eh bien ! c'est encore un sacrifice que j'ai fait à Dieu en y renonçant. Dix mille de mes frères malheureux, proscrits comme toi, voulaient porter dans les déserts leurs corps mutilés et leurs autels détruits ; pour être leur guide, leur appui, je me suis exilé avec eux. J'ai renoncé pour eux à la terre qui m'a vu naître. Dieu conduisit mes pas sous ce ciel nouveau, il bénit mes efforts, il agrandit mes pensées, et comme Moïse, au-delà des mers, d'un troupeau d'esclaves j'ai fait un peuple de rois.

MONMOUTH, *enthousiaste*. Partons, partons, Guillaume, tu m'éclaires, tu m'élèves à toi ! j'embrasse ta croyance, j'adopte ta secte. Qu'elle est sainte ! qu'elle est pure, la religion qui fait de tels hommes !... qui met la richesse dans l'industrie, la force dans la loi, l'ambition dans l'égalité !

GUILLAUME PENN. J'ai deux vaisseaux en rade ; cette nuit nous nous y rendons, dès demain en mer ; Dieu fera le reste...

MISS LUCIE, *avec piété*. Dieu ! Dieu ! pardonne à ma douleur maternelle.. j'accusais ton inclémence.

SCENE IX.

LES MÊMES, ANNA, *accourant effrayée*.

ANNA. Madame... milord... sauvez-le... cachez-le... ce sont eux.

MONMOUTH. Suis-je déjà découvert ?

MISS LUCIE. Mon fils !

ANNA. Des hommes armés entourent la maison ; à leur tête, j'ai cru reconnaître... oh ! oui, c'est bien lui, c'est Jefferies !

MISS LUCIE. Jefferies !

MONMOUTH, *avec rage*. Jefferies !

MISS LUCIE. Vite ! vite ! ici, dans mon oratoire...

MONMOUTH. Fuir devant un Jefferies ! ah ! lui percer le cœur et mourir...

(Il tire son épée et court vers la porte ; miss Lucie lui barre le passage. Guillaume Penn entraîne Monmouth vers une porte latérale.)

GUILLAUME PENN. Témérité inutile.

MISS LUCIE. Je les entends.

JEFFERIES, *en dehors pendant que miss Lucie et Anna tiennent la porte*. Au nom du roi, ouvrez !

MISS LUCIE, *s'attachant à la porte*. Non ! non !

(Elle tombe dans les bras d'Anna ; la porte s'ouvre.)

SCENE X.

LES MÊMES, LE ROI, JEFFERIES, HOMMES D'ARMES.

(Le roi ne se montre pas d'abord.)

MISS LUCIE, *exaspérée*. Bourreau, mon fils n'est point ici ; s'il te faut du sang, tue-moi.

JEFFERIES, *froidement*. Que fait-on du sang d'une femme ?

GUILLAUME PENN, *noblement*. Homme audacieux, de quel droit, par quel ordre, viens-tu, contre tout privilége, violer le domicile d'un citoyen ?

JEFFERIES. J'agis au nom du roi.

MISS LUCIE. Tu mens.... le roi ne peut agir contre les lois.

GUILLAUME PENN. C'est une violence..... où sont les pouvoirs ? as-tu un mandat, le seing du lord chancelier ?

JEFFERIES, *ironiquement*. Oui, sans doute, car je suis le lord chancelier moi-même.

GUILLAUME PENN. Toi ! toi ! au siége vénérable des Bacon, des Morus ! tu blasphèmes, impie ; non, le roi Jacques n'a pas avili jusque-là la dignité souveraine...

LE ROI, *entrant par la porte du fond*. Vous vous trompez, sir Guillaume Penn, c'est le roi lui-même qui a élevé à ce haut rang un loyal serviteur.

MISS LUCIE, *plus alarmée que surprise*. Le roi !

GUILLAUME PENN, *sans surprise, mais profondément affecté*. Ah ! je m'abusais encore ; non, l'Angleterre n'a plus de roi.

LE ROI. Sir Guillaume, sortez.

GUILLAUME PENN, *fièrement*. Stuart, puisque tu oublies que je suis ici dans la maison qu'habitait mon père, je te déclarerai, moi, que je n'en sortirai pas ; protégé par mon titre d'Anglais et les lois de l'Angleterre, je resterai près de lady, non pour la défendre contre tes fureurs, Dieu ne m'a point armé de l'épée, mais pour plaider sa cause et partager son sort quel qu'il soit.

LE ROI. Tu la suivras donc au fort de Hurst-Castle, car c'est mon bon plaisir qu'elle y soit conduite sur-le-champ.

GUILLAUME PENN. Je l'y suivrai.

MISS LUCIE. Dans une forteresse ! Jésus ! qu'ai-je donc fait ?...

LE ROI. Rien, sans doute, si ce n'est rien que d'avoir engendré un double démon.

Mais vous serez un précieux otage entre nos mains, madame. James l'étourneau échappe à toutes les recherches, la mère nous répondra du fils, sous de bonnes murailles.. Par le ciel! il me faut Monmouth, et vous ne verrez point la lumière que je ne l'aie en mon pouvoir.

SCENE XI.

LES MÊMES, MONMOUTH.

MONMOUTH. Prends-le donc, et qu'il soit ta seule victime!

JEFFERIES. Il était ici!

MISS LUCIE. Malheureux!

LE ROI. Monmouth! Monmouth ici! ah! c'est trop de joie d'un coup.

GUILLAUME PENN. Il s'est livré!

MONMOUTH. Je suis votre prisonnier, que ma mère soit libre à l'instant! je le veux!

LE ROI, *malignement*. C'est trop juste, un roi n'a qu'une parole. (*A Jefferies.*) Vous voyez quelle surveillance s'exerce à Londres, Georges, il était ici, et nous l'ignorions tous. Que l'on casse les shérifs de service; que l'on réprimande les constables; les pontons aux arquebusiers de garde à la porte par où il est entré. (*A Monmouth.*) Nous avons à converser seul à seul, mon beau neveu. (*Aux autres*). Qu'on nous laisse!... (*Ils vont pour sortir, le roi les retient.*) Avant, qu'on le désarme.. (*On désarme Monmouth, il n'oppose point de résistance.*) Eh! eh! le loup est devenu mouton... allez... (*A mi-voix, à Jefferies.*) Tiens-toi là, Georges, de l'œil et de l'oreille.

(Jefferies et les gardes se retirent par la porte du fond; miss Lucie, Guillaume Penn et Anna entrent dans une chambre latérale.)

SCENE XII.

LE ROI, MONMOUTH.

MONMOUTH, *tombant aux pieds du roi.* Sire, je vous demande la vie; non pour moi, mais pour ma mère... elle en mourrait.

LE ROI, *avec une joie féroce*. Lâche, tu t'humilies donc? te voilà à mes pieds!...

MONMOUTH, *se relevant*. Lâche!... ah!... il fallait venir me combattre toi-même, en face; tu aurais vu si je suis un lâche. Mais, oui, je m'humilie, je reste à genoux; je t'implore... je demande la vie de ma mère.

LE ROI. Nomme-moi tes complices... les rebelles qui t'ont suivi, je veux les connaître tous.

MONMOUTH. Des complices!... je n'en ai point, je n'ai trouvé que des amis, que des frères; presque tous sont morts pour moi.

LE ROI, *dépité*. Morts ou vivans, nomme-les donc!...

MONMOUTH. Jamais!

LE ROI. A mes genoux, il me brave encore.

MONMOUTH. Sire, un cachot, des chaînes, des tortures... mais la vie pour ma mère.

LE ROI. La vie! oh! tu demandes trop!.. mort à toi, mort à ta race entière!!...

MONMOUTH. Sire, mon oncle, cette race est la vôtre. Je suis le fils de votre frère, c'est votre propre sang que vous allez verser.

LE ROI, *froidement*. Bien dit, vraiment... aussi quand j'ai du sang impur, je tends mon bras au chirurgien pour qu'il m'en délivre.

MONMOUTH. *se relevant avec indignation.* Ah! mot atroce! il ne pouvait sortir que de la bouche de Philippe II, d'Henri VIII ou de la tienne.

LE ROI. Tu renonces donc à me fléchir?...

MONMOUTH. J'ai trop de honte de l'avoir tenté. Tu as cru que je craignais la mort; le plus lâche des tyrans m'a traité de lâche... cette pensée seule est un supplice horrible!... il me déchire... il me tue!... qu'on me mène à la mort, je l'implore à présent, qu'elle me délivre de ta présence! du tableau de ma patrie gémissante. Ordonne, appelle ton bourreau royal, jamais plus illustre victime ne fut offerte à sa hache... que le même échafaud où périt le vertueux Charler Ier voie aujourd'hui rouler la tête de son petit-fils!...

LE ROI. Et si, malgré ton crime, ton audace, ton insolence... je voulais fermer mon cœur à tout ressentiment... et n'écouter que ma clémence royale... que dirais-tu, Monmouth?...

MONMOUTH. Je ne te croirais pas... Jacques II tient trop bien ce qu'avait promis le duc d'York.

LE ROI. Crois donc ce que j'avance ici... ta mère possède un écrit qu'il m'importe de connaître, de tenir en mes mains, qu'elle me l'abandonne, ta grâce est à ce prix.

MONMOUTH. Et quel est donc cet écrit plus précieux pour toi que mon sang et que ta vengeance?

LE ROI. Que t'importe?

MONMOUTH. Tu y mets un trop grand prix, tu ne l'auras pas, je veux mourir...

SCENE XIII.

Les Mêmes, MISS LUCIE, GUILLAUME PENN.

MISS LUCIE, *accourant*. Non ! tu ne mourras pas !... sa grâce, dis-tu ? ah ! tiens, prends, règne... mais rends-moi ma vie, rends-moi mon fils !...

(*Elle remet au roi son acte de mariage scellé du cachet de Charles II.*)

LE ROI, *contraignant sa joie*. Je le tiens !

MONMOUTH. Ma mère... que faites-vous? quel est donc ce papier mystérieux ?... parlez, parlez...

MISS LUCIE. Ta grâce, a-t-il dit ! ah ! je n'ai pas dû balancer... Mon fils, l'acte solennel qui m'unissait au roi ton père.....

MONMOUTH. Ciel ! et vous le sacrifiez !... non ! je n'accepte pas ce hideux marché... ma tête pour votre honneur !.... jamais? reprenez-le, ma mère... sire... rendez, rendez cet écrit... ordonnez mon supplice, je suis prêt... mais rendez ce titre auguste à ma mère.

LE ROI. Il est trop tard, Monmouth. Ce titre ne sortira plus de mes mains... Quant au supplice que tu réclames... tu n'y échapperas pas... compte bien que le jour de demain sera ton dernier jour...

GUILLAUME PENN. Grand Dieu !...

LE ROI, *avec un rire infernal*. La ruse avec la ruse... c'est une monnaie bonne et valable.

MISS LUCIE, *hors d'elle*. O ciel ! tant d'atroce perfidie !... et votre promesse, sire ? votre parole de roi ?... c'est un serment, ne l'oubliez pas ? la parole d'un simple chevalier est un serment !...

LE ROI, *séchement*. On n'est tenu à remplir aucune parole, aucun serment avec les hérétiques; madame. Ma conscience est en repos sur ce point, et j'en ai reçu d'avance l'absolution pleine et entière de deux saints prélats de l'église...

GUILLAUME PENN, *anéanti*. Ah ! pourquoi ai-je revu l'Angleterre.

MISS LUCIE, *accablée*. Horrible ! horrible !

MONMOUTH, *se jetant de nouveau aux pieds du roi*. Sire ! sire par pitié, rendez, l'honneur à ma mère... dans votre haine aveugle, ne vous déshonorez pas vousmême !!.....

LE ROI, *froidement*. Demain... je ne te craindrai plus.....

MISS LUCIE, *se rapprochant de Monmouth, et quittant subitement son accablement pour reprendre toute son énergie*. Ah ! c'est trop s'humilier ! Relevez-vous, roi d'Angleterre ! ne rampez point devant cet exécrable tyran. Triomphe, barbare, immole du même coup le fils et la veuve de ton frère !... Toi, roi ! roi d'un peuple généreux, jamais !... La nation qui t'avait rejeté ne tardera pas à te rejeter encore. (*Allant à Monmouth et lui plaçant la main sur le cœur.*) Ici est un cœur royal, et qui ne dément pas sa noble race. Quand il ne serait pas le fils légitime de Charles II, par ses vertus, ses sentimens élevés, il était digne de ceindre une couronne... Toi, tu es indigne du nom d'homme et de prince ; toi, traître à ton sang, à ta foi jurée, à ta patrie, à la gloire !.... infâme ! descends du trône, tu t'avilis !!...

LE ROI, *reculant terrifié*. Holà ! Jefferies ! Gardes ! à moi !

SCENE XIV.

Les Mêmes, JEFFERIES, Officiers, Soldats.

LE ROI. A la Tour !... et que demain sa tête piquée sur son drapeau épouvante les factieux et les impies.

(*Jefferies fait signe aux officiers d'arrêter Monmouth, il les repousse et court se jeter dans les bras de sa mère.*)

MONMOUTH. Ah ! ma mère ! ma mère !...

MISS LUCIE, *l'embrassant*. Aujourd'hui, encore là... demain au ciel !

FIN DU TROISIÈME ACTE.

ACTE IV.

18 JUILLET 1685.

Une plate-forme servant de cour intérieure dans la Tour de Londres ; au fond, une porte fermée par une herse et donnant sur un escalier ; une sentinelle s'y montre par intervalles ; à droite, la tour des prisonniers ; à gauche, la tour principale, sur laquelle est une grande croisée et un balcon en saillie ; la croisée est couverte d'une longue bande de tapisserie servant comme de jalousie ; en scène, quelques bancs de pierre.

SCENE PREMIÈRE.

MONMOUTH, HAMPDEN, RUSSEL.

(Au lever du rideau, Hampden et Russel jouent aux échecs ; Monmouth, vêtu légèrement et comme en négligé, les regarde, appuyé contre une saillie de la muraille.)

HAMPDEN. Vous menez vos cavaliers à travers champ, mon cher lord ; prenez garde que je les mette comme nous dans la Tour de Londres, et qu'ils n'y trouvent de passe-tems que le jeu d'échecs.

RUSSEL. Eh ! vraiment, maître Hampden, c'est dommage qu'on ne prenne pas le roi..... le vôtre courrait de grands dangers...

MONMOUTH, gaîment. Et voilà ici un fou qui fait bien des sottises.

HAMPDEN. Eh ! milord, qui vous savait là ?...

MONMOUTH. J'ai voulu jouir du frais de la matinée, c'est quelque chose encore que de respirer un peu d'air entre deux guichets.

RUSSEL, bas à Hampden. Pauvre prince !.. il ne sait donc rien ?...

MONMOUTH. N'admirez-vous pas la marche du tems, messieurs, et la philosophie de l'histoire? c'est sur cette plate-forme que fut exécuté lord Hastings ; et deux prisonniers politiques jouent aujourd'hui sur la pierre qui lui servit de billot.

HAMPDEN, renversant l'échiquier. Ah !...

SCENE II.

LES MÊMES, JERWIS, entrant fort ému.

JERWIS. Oh ! monsieur Russel... est-ce vrai ce que l'on dit?... est-il bien vrai que l'on va faire mourir aujourd'hui notre brave duc de Monmouth.

RUSSEL, voulant le faire taire. Chut !... chut !... imprudent !...

MONMOUTH. Mais, oui, mon beau garçon... cela paraît assez probable..... le roi Jacques ne laisse pas moisir ses prisonniers.

HAMPDEN, bas à Monmouth. Prince !...

MONMOUTH, bas. Laissez... laissez.

JERWIS. Les tigres !..... ils ont passé la nuit à dresser l'échafaud... tenez... il est au bas de la seconde tour... on le voit d'ici tout tendu de velours noir.

MONMOUTH, gaîment. Comment donc !... c'est presque du luxe....... on a voulu le traiter en prince.

JERWIS. Nous ignorions même qu'il fût pris..... et on ne le juge pas !..... un fils de roi !... un pair d'Angleterre et d'Ecosse !... mais il n'y a donc plus de justice?...

RUSSEL. Hélas ! non !..... mon honnête Jerwis... depuis long-tems les païens l'ont mise au rang des faux dieux.

JERWIS. Et nous souffrons cela !..... et nous sommes Anglais, et nous sommes des hommes !..... oh !..... que ne suis-je libre encore !... .... je ne suis qu'un pauvre brasseur de Billing-Street....... mais je courrais les rues.... j'ameuterais tout le peuple... nous le délivrerions... et je suis ici en prison par l'ordre de Judas Sunderland..... comme séditieux..... parce que j'aime ma religion et ma patrie. (Il pleure presque.) Mais, mes chers seigneurs, il n'y a donc rien à faire?

MONMOUTH. Rien, mon ami, souffrir et attendre. (Bas à Russel, lui pressant la main.) J'emporte donc des regrets... on me donne donc des larmes !....... oh ! quelle douce consolation !..... (Anna paraît à la porte du fond. Elle marche avec hésitation ; Monmouth l'aperçoit et court au-devant d'elle.) Et maintenant, messieurs, vous me verrez mourir en prince, en soldat... je ne manquerai ni de force ni de courage.

(Il s'apprête à rentrer dans la tour ; Jerwis, hors de lui, l'arrête et se jette à ses pieds.

JERWIS. Quoi !..... c'est donc vous?..... vous êtes donc le duc de Monmouth ?.... O mon prince, mon généreux prince !... faut-il que l'Angleterre vous perde ainsi?... non ! non ! ne mourez pas, milord... laissez-moi prendre votre place. Que je serais fier de vous sauver!.. ne me refusez pas..... je vous en prie..... prenez mes habits, balafrez-vous le visage..... on ne vous reconnaîtra pas... et moi... moi... j'aurai la tête tranchée comme si j'étais noble.

MONMOUTH, *souriant*. Le désespoir te rend fou, mon pauvre ami.... allons, allons, reviens à toi... à mes pieds !..... relève-toi donc... viens dans mes bras...

(Il l'embrasse.)

JERWIS, *pleurant*. Milord !... milord !...

MONMOUTH, *ému*. Oh !.... oui.... oui.... j'étais aimé du peuple. (*Reprenant sa fermeté*.) Daignerez-vous me suivre, Russel, et vous Hampden ?... (*Gaîment*.) Je vous prends pour mes gentilshommes d'honneur..... ah ! votre popularité n'y perdra rien..... vous serez les derniers courtisans d'un roi sans couronne et qui n'aura bientôt plus de quoi la porter.

HAMPDEN. Nous suivrons votre grâce.

(Sunderland et Morrai entrent richement vêtus.)

SCENE II.

LES MÊMES, SUNDERLAND, MORRAI.

RUSSEL. Morrai et Sunderland à la Tour ? Ah ! c'est une amère raillerie que de les voir ici dans un tel moment.

MONMOUTH. Et en habit de fête, vive Dieu !...... bien ! bien ! messieurs du conseil de conscience..... cette parure est de fort bon goût et digne de vos seigneuries... Bonjour, messieurs... vous pourrez dire à mon bon oncle d'York que vous avez vu le duc James de Monmouth... au moment de la mort, oubliant qu'il est le neveu de Jacques II, mais se souvenant qu'il est petit-fils de Charles Ier.

(Il entre dans la tour, suivi de Hampden et de Russel.)

JERWIS. Et si quelque bourreau subalterne, qui ne connaît pas bien ses maîtres, demande : Quels sont donc ces brillans seigneurs ? Jefferies l'assassin peut répondre : Chapeau bas, ce sont les amis du roi, c'est le lâche Morrai et Sunderland l'apostat.

(Il s'éloigne.)

SUNDERLAND, *riant*. Appelez donc le chef des hocquetons et que l'on pende ce drôle à une gouttière.

MORRAI. Ah ! voici *le lord grand-justicier*.

SCENE III.

LES MÊMES, JEFFERIES, SOLDATS.
VOIX *au dehors*.

Ah ! c'est Jefferies !... c'est Jefferies, le bourreau !...

JEFFERIES, *en scène, se retournant*. Oui, vraiment, c'est Jefferies... J'arrive à tems, à ce qu'il me paraît. Vrai Dieu ! notre doux troupeau commençait à bêler.

MORRAI, *effrayé*. Est-ce qu'il y a du tumulte, monsieur le grand chancelier ?...

JEFFERIES. Oh ! oh !... ce bruit-là ne m'effraie pas ; j'y suis fait. Deux rangs de hallebardiers du côté gauche, que les arquebusiers à cheval se tournent en ligne le long des murs de la Tour. (*A un officier*.) Colonel, faites disposer le royal-écossais sur trois rangs autour de l'échafaud. (*L'officier s'incline.*) Qu'on baisse les deux herses de la grande porte, et qu'on ne laisse approcher personne !

(L'officier sort.)

SUNDERLAND, *bas à Jefferies*. Est-on sûr de ce régiment ?

JEFFERIES, *presque gaîment*. Très-sûr : grâce à l'excellent Barillon, on lui a donné ce matin un mois entier de solde. (*Montrant aux lords que le calme est rétabli*.) Vous voyez, je n'ai eu qu'à paraître.

SUNDERLAND, *souriant*. Oh ! vous êtes un homme précieux.

MORRAI, *à part*. C'est égal, je ne suis pas tranquille.

(Il va pour sortir avec Sunderland, on entend de nouveau bruit au loin. Miss Lucie paraît avec Guillaume Penn ; un gros de soldats les accompagne et ferme leur rang derrière eux.)

PLUSIEURS VOIX. C'est miss Lucie : place ! place à miss Lucie Walter et à Guillaume Penn !

UN SOLDAT. Milord chancelier, un prisonnier de la Tour vient de se précipiter du haut de l'esplanade : il a disparu au milieu du peuple en criant vengeance.

JEFFERIES, *criant du rempart*. Soldats ! mort et passion !... Que l'on évacue la place !... Poussez ! poussez !... tuez, s'il le faut.

SCENE IV.

LES MÊMES, MISS LUCIE, GUILLAUME PENN.

MISS LUCIE, *arrivant vers le milieu de la plate-forme, et apercevant Sunderland. Ah !*

je devais m'attendre à te rencontrer ici, Sunderland : voilà un spectacle bien digne de toi !

SUNDERLAND. Qu'est-ce ? cette place est-elle le rendez-vous des quakers et des puritains ?

GUILLAUME PENN, *gravement.* C'est le rendez-vous de ceux qui savent mourir pour Dieu et pour la patrie... Ce n'est point ta place à toi, vil renégat... Va-t'en, ne vois-tu pas l'horreur que tu inspires ?...

JEFFERIES, *s'avançant.* Soldats ! que l'on éloigne cette femme !

MISS LUCIE. Que l'on m'éloigne !.... non, on ne m'éloignera pas !.. Voyons donc si un seul de ces hallebardiers, si Jefferies lui-même osera regarder en face et toucher la veuve de son roi !...

(Jefferies donne quelques ordres et sort par la tour à gauche, où est l'échafaud.)

GUILLAUME PENN, *d'une voix forte.* Eh quoi ! le lieu même où l'on meurt n'est-il plus protégé par les lois ?... doit-on voir les bourreaux insulter à leurs victimes ?... Au nom du Dieu de paix, Robert Sunderland, quitte cette place où ta présence appelle le meurtre... Va-t'en, va-t'en ! ne fais pas verser le sang des citoyens...

(Il semble poursuivre Sunderland du regard et du geste; Morrai tremblant se rapproche de lui ; ils sortent tous deux par la droite.)

SCÈNE V.

MISS LUCIE, GUILLAUME PENN,
Soldats, *au fond.*

GUILLAUME PENN. O ma fille ! je t'en conjure, ne reste pas plus long-tems en ce lieu : cette épreuve est au-dessus de tes forces...

MISS LUCIE. Elle n'est pas au-dessus de mon courage : je resterai. Quoi ! mon fils, mon cher fils mourrait sans revoir sa mère ! sans recevoir son dernier baiser ! quand c'est pour elle qu'il s'est sacrifié, pour elle qu'il périt ! Rassurez-vous; ayez plus de confiance : ah ! vous ne savez pas encore, mon digne ami, combien il y a de force dans le cœur d'une mère et dans la foi d'une chrétienne !

GUILLAUME PENN, *cherchant à cacher son émotion.* Mon ame est brisée !

MISS LUCIE, *pressant la main de Guillaume Penn.* Eh bien !.... eh bien ! est-ce à moi à vous donner l'exemple du sang-froid et du courage ? ah !... c'est maintenant qu'il nous en faut !...

SCÈNE VI.
Les Mêmes, MONMOUTH, HAMPDEN, RUSSEL, plusieurs Hommes de justice, Officiers, Soldats.

(Monmouth est dans un costume sévère, mais riche et élégant ; il est environné de justiciers et de soldats ; sa démarche est posée et sa figure extrêmement calme.)

MONMOUTH. Je vous ai tenu parole, messieurs ; encore faut-il s'en aller royalement... Vous le voyez, j'ai pris l'habit de cérémonie... je me figure un jour de bataille, et que j'y resterai. (*Apercevant miss Lucie.*) Ah ! ma mère ! ma mère ! avez-vous pu faire une telle démarche... Quoi ! Guillaume, vous y avez consenti !.. hélas ! je voulais bien mourir... mais vous trouver là, vous voir tant souffrir ! ah ! c'est mourir deux fois !

MISS LUCIE, *fermement.* Monmouth... je ne viens pas te donner l'exemple de la faiblesse ; je viens te donner celui de la force la plus sublime, je viens t'encourager à mourir ; mon fils, meurs en noble Anglais, meurs en roi, et que ta mère t'embrasse.

(Profond silence parmi les soldats, interrompu seulement par quelques sanglots.)

MONMOUTH. Je me sens bien de la résignation, mais vous voir ici... m'a troublé... Ah ! vous me faites bien du mal...

(Il embrasse miss Lucie et presse la main de Guillaume Penn.)

GUILLAUME PENN, *vivement ému.* James! James! mon enfant !...

(Monmouth les repousse avec douceur et passe ses mains sur son visage.)

MONMOUTH. Allons ! le moment est passé !.... ce sera mon seul acte de faiblesse !

SCÈNE VII.
Les Mêmes, LE P. PITER.

LE P. PITER, *masqué jusque-là par des soldats, s'approche en tremblant.* Mon fils, à cette heure suprême, ne vous confierez-vous pas aux sacremens de notre sainte croyance ?

MONMOUTH. Vous ici !.... vous !.... ah ! c'est le comble ! Qui vous envoie ? qui vous demande ?

LE P. PITER. Mon zèle seul m'a amené près de vous, prince.

MONMOUTH. Et l'espoir d'arracher à la faiblesse d'un mourant une confession que tu pourrais vendre à ton maître... Retire-toi, prêtre imposteur ! je n'ai point de foi dans un dogme dont tu es l'apôtre. Ah ! si un Dieu juste a voulu des interprètes entre lui et ses créatures, ce sont des cœurs purs et vertueux qu'il a dû choisir !... (*Prenant Guillaume Penn dans ses bras.*) Voilà, voilà les ministres que sa justice avoue. Voilà les hommes qu'il met sur la terre pour consoler, pour éclairer les hommes !... (*A Piter.*) Toi, je t'accablerai, non de ma haine, mais de mon mépris... Infâme !... venais-tu aussi voir couler mon sang ?... mon sang ! je te l'abondonne ; mais, réponds ici : qu'as-tu fait de celui de mon père ?... (*Piter terrifié est sur le point de s'évanouir ; Monmouth continue.*) Il ne sait que répondre, voyez, voyez sa pâleur mortelle... ne dirait-on pas que c'est lui qui marche au supplice, et moi qui suis le confesseur ?. (*D'une voix forte et solennelle.*) Anglais, amis, soldats, je meurs dans la foi anglicane que vous révérez tous... dans le respect de l'évangile et l'espérance d'une vie meilleure. (*Piter se retire défaillant, emmené par quelques soldats.*)

SCÈNE VIII.

LES MÊMES, *excepté* LE P. PITER.

LES SOLDATS. Grâce ! grâce !

UN OFFICIER, *s'approchant de Monmouth.* Bon courage, duc de Monmouth ! nous souffrons aussi.

UN SOLDAT *ému.* Adieu, milord, mon noble prince, je prierai pour vous.

TOUS. Liberté !... grâce !... grâce !...

HAMPDEN, *soutenant Russel que ses sanglots étouffent.* Le forfait s'accomplira donc ! Soldats..... de ce jour le roi Jacques a signé son abdication avec la hache de Jefferies !...

(*Le tumulte augmente... Monmouth presse la main à plusieurs soldats et s'efforce d'imposer silence ; à sa voix le calme se rétablit et les soldats reprennent leurs rangs.*)

MONMOUTH. Mes amis !... mes amis !... ah ! cessez ce tumulte qui trouble mes derniers instans. Oui, je meurs innocent, je meurs votre ami, votre prince ; mais que mon sang soit le seul répandu ! gardez le vôtre pour notre chère patrie, ne le livrez pas aux bourreaux de Jacques d'York. Unissez-vous, plus de schismes, plus de partis... oh ! plus de guerre civile ! Ah ! le ciel m'est témoin qu'en armant mon bras, je ne songeais point à une couronne... je n'abordai cette terre sacrée de la patrie que pour chasser ses oppresseurs, et y ramener la foi, la justice et la liberté.

TOUS. Sa grâce ! sa grâce !...

(*Nouveau mouvement, au milieu duquel paraît Jefferies.*)

SCÈNE IX.

LES MÊMES, JEFFERIES.

JEFFERIES. Milord, êtes-vous prêt ?

MONMOUTH, *très-calme.* Il y a long-tems.

JEFFERIES. Allons !...

MONMOUTH. Adieu donc, tendre mère, adieu, mon ami ; je vous la lègue... c'est tout ce que je laisse au monde, c'est tout ce que j'y regrette. (*Il marche avec calme vers la tour à droite. Voyant Jefferies qui s'apprête à passer devant lui.*) Arrière, Georges Jefferies ! marchez après moi, je vous prie ; votre maison n'a point encore le pas sur celle de Stuart.

(*Il s'appuie sur Hampden et sur Russel ; il sort par la droite avec Jefferies et les justiciers ; une haies de soldats les suit.*)

SCÈNE X.

MISS LUCIE, GUILLAUME PENN.

MISS LUCIE, *comme si elle sortait d'un état de stupeur.* Laissez-moi... laissez-moi... mon fils ! Monmouth !... Ah ! mon Dieu ! vengeance ! mort aux tyrans ! vengeance !

(*Elle succombe à ce dernier effort et reste évanouie. Bruit confus et rapproché au dehors.*)

SCÈNE XI.

LES MÊMES, JERWIS, HOMMES *et* **FEMMES** *du peuple arrivant en désordre par la porte du fond.*

JERWIS. Le duc, où est-il ?

LE PEUPLE. Grâce ! grâce !

JERWIS. Nous voulons le sauver.

GUILLAUME PENN. Il n'est plus tems !

(*Nouveau tumulte ; ou cherche à désarmer les soldats. On entend au loin un roulement de tambours ; chacun s'arrête tout-à-coup, le calme renaît, et tout le peuple s'agenouille avec recueillement, le visage tourné du côté où est l'échafaud. On entend le bruit sourd d'un coup de hache *.*)

GUILLAUME PENN, *seul, debout, le chapeau sur la tête, élevant les mains ; et d'une voix solennelle :*) Adieu ! dernier des Stuarts ! tu n'as pas loin d'ici au ciel !...

(*La toile tombe.*)

* Le coup de hache a été supprimé à la représentation.

FIN.

IMPRIMERIE DE DONDEY-DUPRÉ, RUE SAINT-LOUIS, N° 46, AU MARAIS.

www.ingramcontent.com/pod-product-compliance
Ingram Content Group UK Ltd.
Pitfield, Milton Keynes, MK11 3LW, UK
UKHW022244070726
13613UKWH00005B/2102